LEONIDEN

Literarische Texte zu Kunstwerken

REA GORGON

MARION INTZEN-SCHIFF

LEONIDEN

Literarische Texte zu Kunstwerken

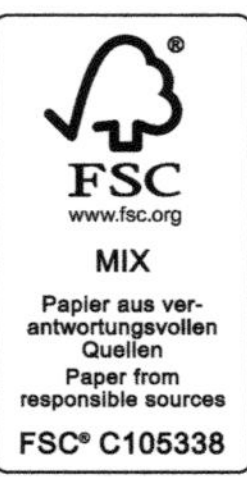

Bibliografische Information der Deutschen Nationalbibliothek:
Die Deutsche Nationalbibliothek verzeichnet diese Publikation
in der Deutschen Nationalbibliografie;
detaillierte bibliografische Daten sind im Internet über
http://dnb.dnb.de abrufbar.

© 2017 Rea Gorgon, Marion Intzen-Schiff
Texte: Rea Gorgon
Zeichnungen: Marion Intzen-Schiff
Satz und Gestaltung: Marion Intzen-Schiff

Herstellung und Verlag:
BoD - Books on Demand, Norderstedt

ISBN: 9783744838726

INHALT

PROLOG

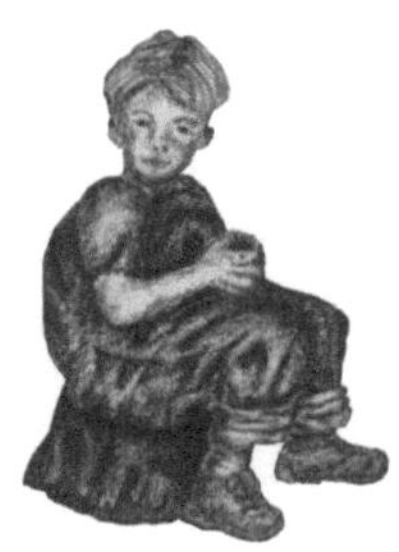

DIALOG als GESCHENK

PROLOG

In gelingenden Begegnungen entsteht etwas Neues. Kleine Schöpfungsakte, die wundersam vom Himmel zu fallen scheinen. Doch jede Neuschöpfung, jede neue Gestaltung bedeutet ebenso Arbeit, die im Ringen um Ausdruck auch von Freude an der Kreativität begleitet wird. In diesem Sinne ist in unserer Begegnung Neues entstanden, das als Kunstbuch hier vorliegt.

Wir trafen uns als Fremde zufällig in einem Herbst an der Nordsee, hielten kurze Momente inne, wechselten langsame Worte und zeigten uns gegenseitig Photos unserer bereits gemalten Bilder: ein Sternschnuppenmoment, aus dem die Idee hervorging, ein gemeinsames Kunstwerk zu gestalten.

Nach dieser kurzen Begegnung sahen wir uns lange Monate nicht mehr. In diese visuelle Lücke schickte mir Marion Schiff ihre bereits gestalteten Kunstwerke per Email und mit der Post. Auch unsere Telefonate nahmen zu und wurden zu kontinuierlichen Gesprächen, in denen sich schöpferisches Vertrauen entwickelte.

Aus meiner Betrachtung ihres künstlerischen Ausdrucks, den ich in mich aufnahm, lösten sich langsame Worte, die Formen annahmen in Texten, Geschichten und Gedichten. So entstanden in dieser Begegnung neue Worte als Antwort auf ihre Bilder. Diese Text-Antworten ergaben sich der Phantasie. Hier wurde das Bild nicht als Text erfunden. Es erfolgte keine interpretierende Ergänzung des Bildes durch Buchstaben. Durch diese Inspiration und mein Verweilen bei ihr entstand ein eigener Text, eine ei-

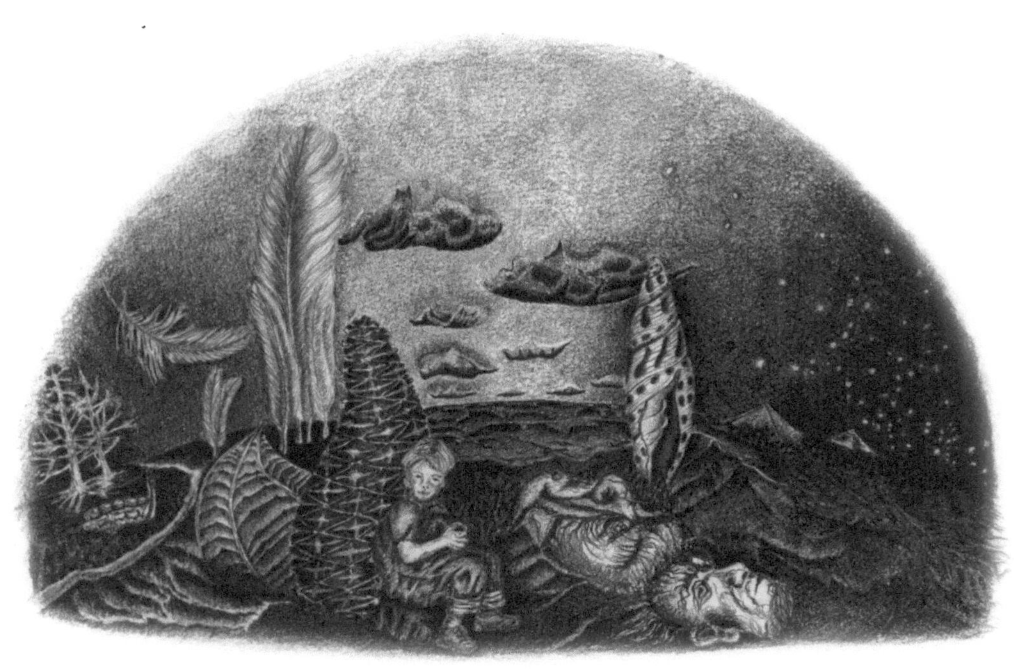

genständige Kreation. Ein wahres Geschenk, das geschah. Doch was ist dieses Geschenk. Eine der Begegnung entstiegene Gabe. Das kostenfreie Produkt einer nachhaltigen Investition von Vertrauen.

In unserem Fall war somit nicht das Wort am Anfang, sondern das Bild, nicht das Bild, sondern die persönliche Begegnung. Erst durch sie gestaltete sich am Bild das Wort.

Doch wer schenkt das Geschenk. Wer formt die Begegnung. Eine der Öffnung entstiegene Bewegung, die Weiteres und auch „Menschliches, Allzumenschliches" zutage förderte. Denn eine wahrhaftige und wirkliche Begegnung lebt nicht allein von schöpferischer Harmonie, sondern auch von unverstandenen Differenzen und schmerzlichen Entfernungen. Mögen sie auch noch so groß sein und lange anhalten, ist doch jederzeit eine Umkehr, eine Richtungsänderung möglich. Auch dies geschah zwischen uns.

In meiner anhaltenden Begegnung mit Marion Schiff ist sie mir im Laufe unserer langsamen Zeit der Zusammenarbeit zur Freundin geworden. In meiner Einlassung auf ihren künstlerischen Ausdruck und auch ihre Person war es mir möglich, ihre Kunst mit der meinigen kommunizieren zu lassen.

Auch wenn Kunstwerke sich oftmals selbst zu genügen scheinen, suchen sie sich doch immer wieder den Weg zu ihren Betrachterinnen und Betrachtern, die trotz unserer medien- und arbeitsschnellen Zeit innezuhalten vermögen, um eine Verbindung herzustellen zu dem, was vor das Auge fällt.

Manchmal sieht das Auge ein Bild, hört das Ohr ein Wort, erblickt der Mensch eine Sternschnuppe, die in klaren Novembernächten vom Himmel fällt: Leoniden aus der Dunkelheit, die am Himmel aufblitzen und wieder vergehen, wie alles Materielle der Veränderung unterworfen ist.

Doch manchmal bleiben immaterielle Eindrücke zurück, sucht Erlebtes erneut seinen fortgesetzten Ausdruck in der Kunst, im Wort, im Bild, in der Begegnung, die Menschen gestaltet zwischen Geburt und Tod.

In diesem Sinne entstand der vorliegende Bild-Wort-Band als Produkt einer gelungenen Begegnung zwischen Marion Schiff und Rea Gorgon.

Dieser gelungenen Begegnung, diesem Geschenk der Kreativität, gelang es, nach Jahren des Stillstands zwischen Marion Schiff und Rea Gorgon, das in der Ruhe gereifte Kunstwerk gemeinsam so zu gestalten, dass es nun endlich dem Buchmarkt und seinen Leserinnen und Lesern, allen Betrachtenden zur Verfügung steht.

Wie das gesamte Werk keiner hemmenden Reglementierung von außen unterworfen war, sondern sich frei entfalten konnte, ist nun der letzte Schritt der Buchgestaltung getan: In den Formaten von Buch und Ebook ist es nun allen Interessierten zugänglich. Unsere schöpferische Kreation in Wort, Bild und Begegnung kann nun als „Geschenk" seinen weiteren Weg gehen. Vielleicht gelingt es, für andere Menschen Inspiration, Kommunikation, Anregung, Dialog und Geschenk zu sein. Dies würde uns freuen.

Wer ein Geschenk erhält, bedankt sich. Dies haben wir alle sinnvoller Weise gelernt. So bedanken wir uns bei allen Menschen, die auch nur in der geringsten Art und Weise am Geschehen unserer Kreativität Anteil haben, und auch uns selbst, die wir diesem nicht immer gradlinigen Lebensprozess treu geblieben sind.

Wir bedanken uns bei diesem Leben, das immer wieder neue

Möglichkeiten der Lebendigkeit und Beweglichkeit bietet und alles, wirklich alles bereit hält zwischen Freude und Leid, Inspiration und Stillstand, gemeinsamen Zeiten und solchen der Trennung, zwischen Weggehen und Wiederkommen, Anfang und Ende, Lebendigkeit und Lähmung. Sterben und Leben.

Mögen Sie sich dem Leben, seiner Lebendigkeit, Kreativität und Inspiration zuwenden.

Im Mai 2017
Hamburg und Berlin

Marion Intzen-Schiff
Rea Gorgon

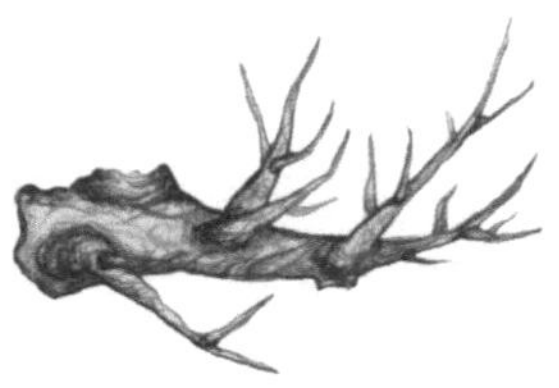

KLANG

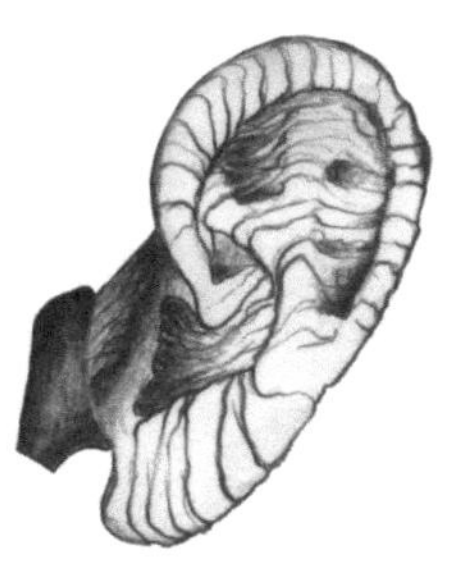

MENSCHENHÖRGANG

MENSCHENHÖRGANG

Seht da – der Mensch – ein Sinnenwesen im Zeitalter doppelgebündelter Rationalität. Das Ohr – ein Grenzorgan an der Schwelle des Leibes, verdeckt, versteckt, eine Muschel, eine Schnecke, gefellte Trommel, hörender Nerv, Gehörgänge und Bogengänge, Paukenhöhle und Rachenraum, Schaltzentren und Impulsleiter.

Wir sehen das Ohr, die Muschel, die aufnimmt vom Außen, der Welten laute und auch leise Töne. Hier dringen gute und böse und gar keine Worte in den Leib, ein Durchgang für Wahrheit und Lüge, für Trost und Schmerz und auch für die feinsten Wellen des Schweigens.

Doch was Worte und Wellen, was Musik und Autolärm, Sirenen und Regenströme, Stürme und Kirchenglocken, Schreie und Schweigen im inneren Ohr, das in den Leib gebettet, selbst Leib, bewirken, ist dem nächsten Ohr nur hörbar, wenn sich der Mund zur Resonanz öffnet.

So vermag der Mensch die Ohren so weit zu öffnen, dass er die leisesten Klänge aus dem fernsten Winkel des Raumes vernimmt, oder auch das Ohr zu verstopfen, wenn die Augen wegschauen vom Geschehen, das die Leiber der Nächsten bedroht oder das eigene Fleisch aus dem trägen Schlummer erwecken will. Wer weiß schon, wie Hörlaute sich in Fleisch und Knochen wellen. Wer kennt schon die Einverleibung des Wortgeistes, der ins Ohr sich drängt.

 Angenehme Laute, durchs Ohr getanzt, eine Ohrweide, die das

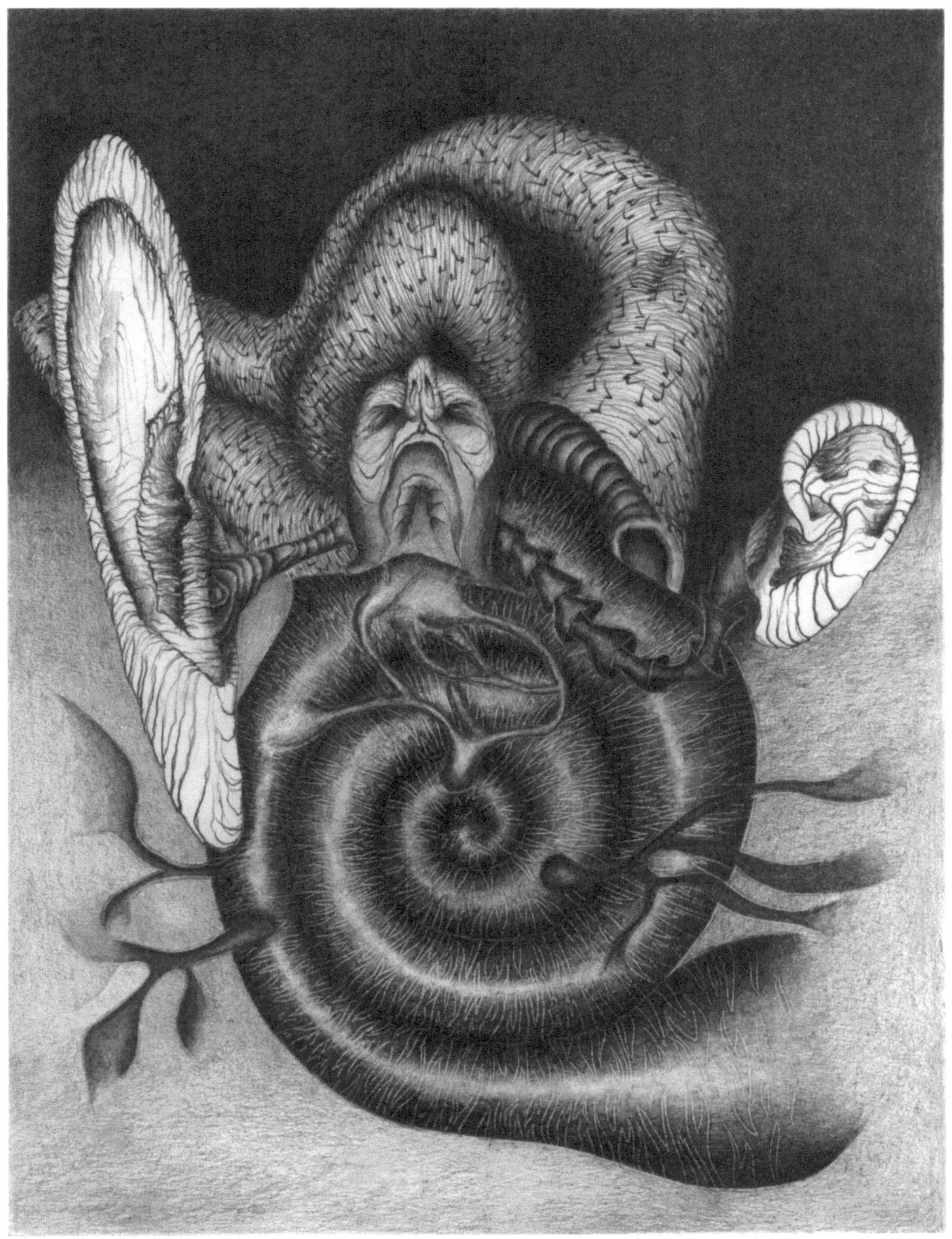

Hirn weitet, das Herz erfreut, Leber und Nieren der Entgiftungsarbeit enthebt und den Menschen in der Nacht in einen himmlischen Schlaf niederlegt. Hier ruht das Ohr im Menschen und der Mensch legt sich vertrauensvoll ins eigene Ohr und in den Mund des Nächsten, der Verlässlichkeit hält.

So der Mensch die Heerscharen von Lauten verdauen und verarbeiten kann, wird sich das Ohr öffnen, um zu hören. Doch die Schmerzklappen der Augen werden auch über das Ohr gelegt, ein Pfropfen im Hörgang, der sich des Nachts und auch am Tag gegen Nachrichten und Informationen stemmt, um der Lautwelt Einhalt zu gebieten.

So berichtet mir eine Freundin ihr jüngstes Unvermögen, Nachrichten zu hören, die sich in ihrer Sintflut global gebärden und sie überschwemmen gleich Wassermassen ohne Auffangbecken. Doch auch die anhaltenden Sozial- und Gesundheitsnachrichten aus dem eigenen kleinen Land schmerzen bereits vor der Ohrmuschel.

So muss das erwerbslose Ohr hören, dass es faul sei und nicht arbeiten wolle und auch, dass es unsozial sei. Es hört die Worte von Politikern, die den öffentlichen Druck auf Erwerbslose schneller steigern wollen und darauf drängen, dass nun endlich zwischen Faulen und Schwachen statistisch unterschieden wird. Jedoch: Wer soll dies wie beurteilen? Wer überprüft die sortierenden Interessen ihres Geistes, deren Wahrnehmungen sich an gut gepolsterten Einkommen nähren?

Wehe dem feingliedrigen Hörzentrum, das die Hinter- und Zwischentöne wahrnimmt und an die Nerven weiterleitet. Denn das Ohr hört fast täglich von Firmenfusionen und Massenentlassungen, von Haushaltsverschlankungen und millionenfacher Arbeitslosigkeit, die sich nicht senken will, für die keine gewinnsüchtige Turbo-Wirtschaft, nicht eine wirtschaftsdominierte Politik verantwortlich gemacht wird, auch kein technologischer Fortschritt und nicht staatliche Institutionen, die arbeiten wollende Menschen auf den Hungerlohn der Straße setzen; es sind die Arbeitslosen, die Faulen, die Trägen, die Nutznießer. Laut atmet der neue Sündenbock ins Ohr, der in die Wüste der Armut getrieben wird.

Auch vernimmt das Ohr, dass nun endlich unterschieden werden muss zwischen faulen und fleißigen Beamten, die bereits unter der vollzogenen Haushaltsverschlankung staatlicher Institutionen und unter dem Verlust ihrer Kollegen und Kolleginnen ächzen. Während die Faulen sich immer noch leisten, ihre Überlastungskrankheiten zu Hause auszukurieren, leisten die ängstlich Fleißigen eine loyale Anpassung an zunehmende Arbeitszeiten und Überstunden, deren Resultat im schweigenden Ohr landet. Doch schon sind statistische Nachrichten hörbar, die den Erfolg der Verschlankung melden: Während der Krankenstand der übrig gebliebenen Arbeitnehmerinnen und Arbeitnehmer zurückgeht, wird eine gleichzeitige Zunahme psychosomatischer Krankheiten verzeichnet. Dementsprechend verlagert die Haushaltsverschlankung nicht nur den Druck auf Arbeitslose, sondern auch auf Erwerbsträger, in deren Psyche der gesellschaftliche Druck sich nun eine andere Gegenwehr aufbaut. Wehe den zarteren Gemütern, die ohne rigide Abwehrkräfte leben.

Ebenso hört das Ohr, dass in den Gerichten, die Recht sprechen sollen, sich die Akten der nach Gerechtigkeit Begehrenden zu Hunderttausenden als unbearbeitetes Material stapeln, während überzählige Juristen das Heer der faulen Arbeitslosen mehren. Welch Ohr soll diese Logik verstehen, die zunehmend nach unbezahlten und ehrenamtlichen Arbeitskräften verlangt.

Das Ohr soll hören, bis ihm das Hören vergeht. Wie soll es die Spannung zwischen Wort und Tat, zwischen Lüge, Manipulation und Wahrheit verkraften?

Die Peanuts der Arbeitslosen stehen nicht auf gegen millionenfach überteuerte Beratungshonorare, die den Reichtum der Staats- und Wirtschaftsmanager in die Höhe schnellen lassen.

Da muss sich das Ohr – so es noch hören will und kann – auch jene Nachrichten anhören, die Nachbarschafts- und Verwandtenhilfe nicht mehr durch unkontrollierte Euros vergüten lassen wollen, sondern nur noch durch Blumensträuße und Dankesworte. Hier hört das Ohr gleichsam den staatlichen Zwang des Menschen zur erbeuteten christlichen Nächstenliebe, die den politischen Schöpfern selbst wesensfremd zu sein scheint. Hier hört das Ohr gleichsam die Aufforderung an zerstrittene Nachbarn, seinen Nächsten und unliebsamen Feind, den er nicht mag, zu denunzieren.

Das hörende Ohr hört auch, dass Sozialhilfeempfängern durch den Entzug ihrer kostengünstigen Stadt-Fahrkarte die Bewegungsfreiheit eingeschränkt wurde. So werden die niedrigsten Lebensbezüge beschnitten, ohne sie zu kürzen.

Da hörte zu Jahresbeginn 2004 das Ohr der Freundin, dass ihre Tochter, die Sozialhilfe bezieht, seit Tagen erbärmlich grippekrank, endlich zum Arzt geht, dessen Behandlung sie auf einen Schlag 30 Euro gekostet hat. Nur verachtenswerte Peanuts für Wohlhabende, die in Richtung Armut Augen und Ohren verschließen dürfen und dennoch bestens schlafen.

In die Ohren dringt die Gesundheitsreform der Wohlhabenden, die nun das Kunstwerk einer Mehrklassengesellschaft auch im Bereich der Krankheit mutwillig kreiert haben, während aus den Mündern vieler Politikerinnen und Politiker farbunabhängig die Mähr zu hören ist, dies sei eine gerechte Reform. Da ernten die Gesunden Gerechtigkeit, während die Kranken die selbstverschuldete Bürde ihrer ungerechten Rechtminderung auszukurieren haben.

Gleichzeitig hört das Ohr, dass die Manager von Banken die Betriebsrenten ihrer Untergebenen abschaffen wollen, während die leitenden Manager ihre eigenen Betriebsrentenanteile selbst im Falle einer Insolvenz abgesichert haben. Und das schmerzempörte Ohr fragt sich, warum diese Wirtschaftsmachtträger keine Scham bei ihrem Tun empfinden.

Ebenso muss das erwerbslose Ohr verkraften, dass der Leib zur Steigerung des wirtschaftlichen Gewinns grenzenlos geeignet sei, jede Arbeit zu leisten – für einen Euro pro Stunde. Und niemand im kapitalträchtigen Wirtschaftsdickicht fragt nach der Würde des Menschen, die im Grundgesetz festgeschrieben ist.

Da beschränkt der Gesetzgeber, dem vor allem die eigene Selbstbestimmung als Wert erscheint, den Wohnraum der Erwerbslosen, die unangemessen viel Raum zum Atmen haben sollen.

Kaum ist die Sippenhaft alter Zeiten überwunden, wird sie demokratisch mithaftend durch Hintertüren wieder eingeführt.

All dies hört das Ohr: das neue Maß der Gerechtigkeit, das Besitzende und Machtträger über Erwerbslose, Kranke und Alte, Arme und Schwache legen.

So hört das Ohr auch, wie falsch die Menschen fühlten, die aus Angst und Wut protestierend auf die Straße gehen. Falsch soll nicht das Maß der Politik sein, sondern die Gefühle von Millionen von Menschen. Falsch ist nicht die ungerechte Verteilung. Unzureichend ist nur die Vermittlung, die es nicht schaffen will, den reformerisch Zurechtgestutzten die Einsicht einzuverleiben, dass ihre Wahrnehmung der Ungerechtigkeiten falsch sei.

Dies ist die Beschreibung nur weniger und selektiver Töne, die sich ins Ohr drängeln, das genervt im Sturz das Jahr 2004 hört.

Man betrachte das Bild, in dessen Mitte der Kopf mit stummschreiendem Rachen am Puls der Zeit des Informationszeitalters lagert.

Wie nur soll dieser Leib zur Ruhe und zur Besinnung kommen? Wo nur ist der Sinnesleib des Kopfes geblieben? Dieser Leib, das große Bewältigungs- und Verdauungsorgan zwischen Gesundheit und Krankheit. Ein Leib, an dem zunehmend nur noch ein rational und ökonomisch orientierter Kopf gefragt ist. Ein Leib, an dem nur noch unter ökonomischen Gesichtspunkten herumgedoktert wird.

Ein grenzenloser Leib, in den alle Informationstöne und alle Wandlungen von Gesetzen einfluten, ohne dass deren emotionale Sprache abgewehrt werden kann, wird überteuert krank oder zum Verschwinden gebracht.

Wo ist der Leib geblieben, der nicht mehr verkraftet, was das Ohr hört? Oder soll der Mensch heutzutage etwa grenzenlos belastbar sein?

Nun mahnt die nächste Stimme zur Anerkennung ungleicher Lebensverhältnisse in Ost und West, Nord und Süd. In allen Himmelsrichtungen gedacht, erscheinen die Worte global. Und ich frage mich, ob diese Worte stillschweigend auch die Anerkennung ungleicher Lohnverhältnisse zwischen Männern und Frauen, zwischen Kinderarbeit und anderen Ausbeutungsverhältnissen, unterschiedlichen Chancen zwischen Schwarzen und Weißen, In- und Ausländern mitgedacht haben könnten. Oder ob sie die Anerkennung homo-, hetero- und transsexueller Lebensweisen beinhalteten.

Auch meine Augen und die Augen anderer ersuchen die Vielfalt von Wirklichkeiten zu erblicken. Doch zwischen der Anerkennung von Wirklichkeiten und einem Aufruf zur Überwindung von menschenerzeugten Ungleichheiten liegen Welten der Macht, der Ohnmacht und auch der Würde von allen Menschen, nicht nur einer Gruppe, die sich ihre Würde durch ökonomische Saturierung erkaufen kann.

Gleichzeitig hört das selbige Ohr neue Töne aus eines Wirtschaffsmanagers Mund, der die Lohnnebenkosten radikal abschaffen und alle Verantwortung für Sozialsysteme auf die schrumpfenden Arbeitnehmerinnen und Arbeitnehmer abwälzen will, indem er Deutschland auch mit Indien vergleicht. Haben seine Ohren denn nicht vernommen, dass Indien zwischen einem Kastensystem, extremer Armut großer Teile der Bevölkerung und ausbeutender Kinderarbeit lebt?

Zuletzt mahnt der Altbundeskanzler Politiker zur Wahrheit, die dem Volk endlich gesagt werden muss. Das Volk soll von seinen Politikern lernen, was Wahrheit ist, da die protestierende Bevölkerung zu dumm erscheint, Wahrheit zu erkennen. Dies klingt nach der Wahrheit eines Gottes. Doch auch unter Menschen herrschen viele Wahrheiten und genauso viele Wirklichkeiten.

Mein Ohr hört immer noch Worte von Ingeborg Bachmann, die ebenso meinte, die Wahrheit sei dem Menschen zumutbar. Doch was ist Wahrheit? Vielleicht würde sie heute schreiben: Die Wahrheiten der Bevölkerung sind den gewählten politischen Machtträgern zumutbar.

Eine dieser Wahrheiten ist, dass die Hybris wirtschaftlicher

Werte und Normen mit ihren global sich gestaltenden Konkurrenzsystemen Menschen zunehmend sogar ihr bisheriges Rädchendasein im Ganzen verweigert. Weniger gebraucht als ein Rädchen, schrumpft der Wert vieler Menschen zur Null.

Nicht mehr die Wahrheit, sondern die Wertlosigkeit soll dem Menschen zumutbar sein.

Auch dies ist eine Wahrheit.

Diese Wahrheit ist Wirklichkeit.

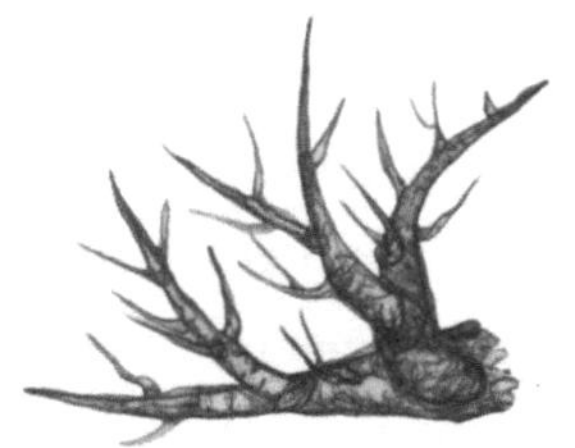

NACHTTRAUM

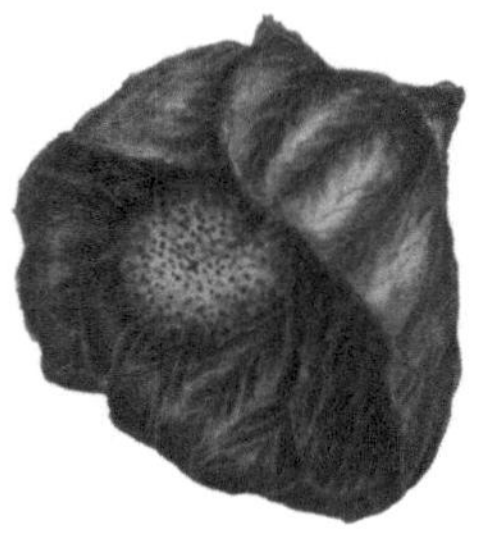

TAGTRAUM

NACHTTRAUM

Es gibt schlafende und auch hellwache Momente, da erscheint uns unser Leben wie ein Traum. Manche Träume wollen wir festhalten, andere sofort in den hintersten Abgrund stürzen. Träume zwischen Freude und Schmerz, zwischen Höhen und Tiefen, Nähe und Ferne – eine Fata Morgana der Realität. Doch was existiert Realeres als ein Traum in der Nacht, der in seiner Flüchtigkeit gleichsam gefangen nehmen und befreien kann?

Träume sind vielgestaltig, absurd wie real, der Wirklichkeit nachhängig, der Zeit vorauseilend. Sie haben uns im Griff und ziehen uns in ihre eigene Sprache der Symbolik. Und wenn wir auf sie hören, mit ihnen kommunizieren, sie entschlüsseln, lehren sie uns, beruhigen und beunruhigen. Ein lebenslanger Prozess ohne Garantie eines Ziels. Sie gehen und bleiben, sie wandeln sich und auch uns. Sie bringen uns zum Nachdenken, zum Weiterdenken, zum Staunen, zum Fliegen und Stürzen, zur Freude und zur Lust. Und manchmal treiben sie unsere Befindlichkeit in Angst und Schrecken, lassen uns morden und töten, werden wir getötet und ermordet. Wie wohl könnte ein Traum sich gestaltet haben, der dieses Bildnis aus dem Innersten eines nächtlichen Schlafs in das funktionale Getriebe unserer rationalen Gegenwart entäußert hat?

Mein Traum? Dein Traum? Unser Traum? Eure Träume? Nur Träume? Ich schreibe Dir eine Geschichte, ein Traumgesicht, das mir am hellen Tag bei wachem Bewusstsein erschien, als ich Dein Kunstwerk betrachtete. Sozusagen ein Tagtraum:

Es war einmal ein Mensch, dessen Füße lange nicht mehr verrieten, ob sie die Gestalt eines Mannes oder einer Frau trugen. Vom Leben und langen Wegen gezeichnet, legte sich die Haut in Furchen um die Knochen, die unerkannt hinter den Strichen lagern.

Ein Mensch wie du und ich und unvergleichlich. Im Laufe des Lebens war er oder auch sie zu beträchtlichem Reichtum gelangt. Nennen wir diesen Menschen geschlechtslos Adama, von der Erde genommen, ein Erdklumpen, der sich gestaltete, als käme er aus Gottes Hand.

Adama wuchs behütet auf, umgeben von Reichtum, der bereits in die Wiege gelegt war. Adama spielte die Spiele der Kinder, lernte, meistens willig, manchmal unwillig, selten gezwungen, und seine Hände glitten über die Tasten eines Klaviers, das wundervolle Melodien erzeugte. Adama wurde geliebt, spielte, lernte, wuchs heran und bereiste mit den Eltern die Welt.

Adama entwuchs den Kinderkleidern, entwuchs der Schule und besuchte eine Universität, um sich auf das Arbeitsleben eines Erwachsenen vorzubereiten. Denn Adama sollte eines Tages in die Fußstapfen des Vaters treten, der weltweit ein großes Imperium von Fabriken und Dienstleistungsbetrieben befehligte.

Adama stellte in jedem Jahr neue Fragen, um sich, andere Menschen und auch diese Welt, in die Adama gezeugt wurde, zu erkennen und das Verhalten der Menschen zu verstehen. Doch Adama bekam wenig Antworten, was den kleinen Menschen dazu verleitete, Philosophie studieren zu wollen, um einen Apfel vom Baum der Erkenntnis zu essen. Dies lag jedoch nicht in des Vaters Sinn, der virtuos mit Bilanzen und Zahlen, Geld, Macht und Reichtum umzugehen vermochte. So kam es, dass Adama, den Vater liebend, unmerklich auf den Herzenswunsch verzichtete und an der Universität das Studium der Volks- und Betriebswirtschaft, des Managements und der Ökonomie begann.

Eines Tages begegnete Adama in einer Vorlesung einem besonderen Mitmenschen namens Lili. Sie war nicht nur eine wunderschöne, groß gewachsene Frau mit dunklen und hintergründigen Augen. In den Seminaren, die sie besuchte, brillierte sie mit der Schärfe ihres Geistes, aus dem sich Antworten und auch Fragen schälten, denen oftmals sogar ihre Professoren und Professorinnen Worte schuldig blieben. Wer ihrem Wesen, ihren Blicken und auch ihren Worten begegnete, war selten mehr in der Lage, sich zu verstellen oder gar zu lügen und zu manipulieren. Ihre persönliche Art, ihr Verhalten und ihr Charakter verhalfen allen, die in ihre Nähe kamen, zu einem aufrechten Gang. Dieses Geschehen brachte sie in den Ruf, die Geister zu scheiden. Jene, die logen, betrogen und sich in der Verstellung ihrer Person eingerichtet hatten, die an der Oberfläche dieser Zeit lebten, mieden Lili. Und jene, die ein echtes Interesse an Entwicklung wahrhaftiger Erkenntnis hatten und nach dem Augenblick wie auch den letzten Fragen und dem Sinn dieses Lebens forschten, suchten ihre Nähe. So erging es auch Adama, dessen Herz sich unwiderruflich für Lili öffnete, so dass auch Lili an Adama Gefallen fand. Die pulsierende Öffnung seines Herzens weitete ihr Herz, in dem es, trotz aller Helligkeit, die sich verströmte, so etwas wie eine kleine Dunkelkammer, eine Blackbox, wie sie es nannte, gab. Hier lagerten Ereignisse, die Lili vor den Augen anderer schützte, gerade so, als ginge es hier um Leben und Tod.

Doch dies nahmen weder die Anderen noch Adama wahr, dem es für den Bruchteil einer Sekunde schwarz vor den Augen wurde, als er Lili zum ersten Mal erblickte. Und je mehr sich Lili Adama zuneigte, desto mehr verschwand dieser dunkle Fleck hinter

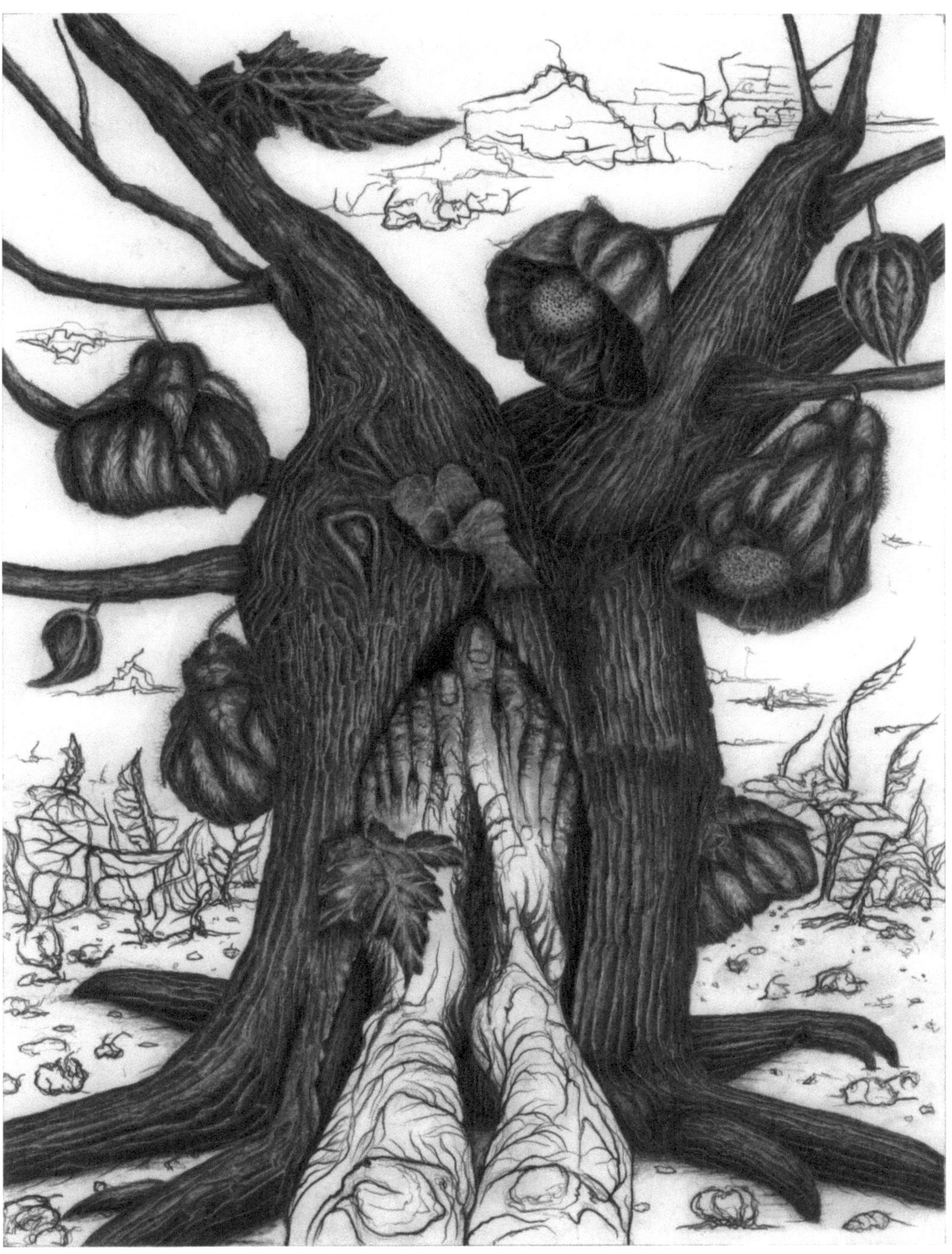

der Zuneigung, die sie zu einander hinzog.

Es ereignete sich alles sehr schnell. Ihre Augen trafen sich und sie erkannten, was geschah. Sie liebten und leibten sich und Adama nannte sich fortan Adam, während Lili ihren Namen in Lilith verwandelte.

Sie lebten schnell zu einem gemeinsamen Wir zusammen, arbeiteten produktiv und erfolgreich, bereisten ihre Welt, die sie interessierte, und kamen wohl erhalten wieder nach Hause. Sie liebten sich, selbst wenn sie unter der knapp werdenden Zeit litten, bauten sich ein eigenes Haus, dem ein zweites und sogar ein drittes folgten. Geräumige Häuser – und luxuriös. Sie waren so glücklich und auch so beschäftigt, dass sie nicht bemerkten, was in ihrem Innersten unmerklich geschah.

Die Eltern von Adam und Lilith waren stolz auf die Erfolge ihrer Kinder und beerbten sie, da sie dem Tod nahe waren, mit all ihrem Vermögen, das fast unüberschaubar geworden war. Die vier Eltern starben innerhalb weniger Jahre, so dass Lilith und Adam, die zwischenzeitlich einer Tochter und auch einem Sohn ihr Leben gaben, nun allein auf sich gestellt waren. Nach einer zu kurzen Zeit der Trauer stürzten sie sich in ihr neues und elternloses Leben, in dem sie nun selbst zu Eltern geworden waren.

In der Stadt, in der sie lebten, und auch in anderen Städten und Ländern, gehörten ihnen viele Geschäfte und noch mehr Produktionsfirmen, Mietshäuser, Autos und Aktien. Angestellte und Arbeiter, Geschäftsleiter und Mitarbeiter waren ihnen ergeben, da sie persönlich ein angenehmes Verhalten mit ihnen pflegten und ihre Arbeit zufriedenstellend entlohnten. Ihr Vermögen floss ihnen aus dem Erbe der Eltern wie auch aus den Aktienmärkten zu, deren große Summen sie gleich einem körperlosen Strom imaginär über den Globus bewegten. Im Winter flogen sie mit ihren Kindern nach Afrika, um der Wärme der Sonne zu folgen. Und im Sommer reisten sie dorthin, wo der Schnee die Hitze der Sonne eindämmte, um kunstvoll auf Skiern die Berghänge hinabzufahren.

Adam und Lilith genossen ihr Leben in vollen Zügen, denn ihre einzige Arbeit bestand zunehmend nur noch in der Kontrolle der wachsenden Bilanzen ihres Vermögens.

Viele Freundinnen und Freunde, die ihrer Familie zugewachsen waren, kamen und gingen. Immer noch genug blieben. Wie im Traum: ein gelungenes, ein reiches und glückliches Leben, das mit Anerkennung als auch mit Neid bedacht wurde. Selbst politische Ämter und die Ausübung von Macht flogen ihnen gleichsam wie im Schlafe zu. Denn sowohl Adam als auch Lilith waren Vorsitzende vieler Institutionen geworden, deren Gestaltung sie lenkten.

Doch mit zunehmendem Alter, man könnte sagen: mitten im Leben, fühlte Adam ein eigenartiges Gefühl in der Magengegend, dessen Botschaft kein Arzt, deren er zuhauf aufsuchte, zu entschlüsseln vermochte. Zunehmend spürte er eine Unruhe in sich aufsteigen, die seine Blicke auf andere Menschen, auch die lieb gewonnenen und die Welt, die ihm so vertraut geworden war, veränderten. Dieses Gefühl breitete sich von innen her aus und legte sich auf seinen ganzen Leib.

Es fröstelte ihn, selbst im Sommer und selbst in der Gegenwart von Lilith und seinen Kindern. So legte er – trotz Sonnenschein – eine zweite Schicht von Kleidung über die erste, und es fröstelte ihn immer noch. Auch eine dritte Schicht, ein Wintermantel und gefütterte Stiefel – mitten im Sommer – konnten ihm die Wärme nicht mehr geben, die er zeitlebens in seinem Herzen empfunden hatte. Da ihm seine Zwiebelkleidung bereits nach einem Tag erschien, als hätte er sie ein ganzes Jahr lang getragen, kleidete er sich jeden zweiten Tag mit neuen Hosen und Hemden, Schuhen und Mänteln ein, die er in ausgewählten Geschäften neu kaufte. Aber je mehr er sich zwiebelhaft kleidete und je öfter er sein Äußeres änderte, desto nackter kam er sich vor. Adam stellte sich vor einen Spiegel und sah nichts als einen bestens gekleideten Mann, der er war.

In den Augen der anderen war er ein komischer Mann und eigenwilliger Kauz geworden, den jedoch niemand auf seine Allüren ansprach, da er reich war und viel Macht besaß. Viele Menschen, und selbst seine Freunde und sogar seine Familie, hielten ihn zunehmend für einen Verrückten. Da er dennoch klar bei Verstand geblieben war, seine Geschäfte nach wie vor unverändert erfolgreich erledigte und seine inneren Empfindungen nicht nach außen kehrte, konnte ihm niemand etwas anhaben. Denn seine Kleidersucht, wie sein Verhalten hinter vorgehaltener Hand bezeichnet wurde, schlug sich im Gesamtvermögen nur als Peanuts nieder. Manche waren der Meinung, er müsse seinen Reichtum auf diese Art und Weise durch den Tag und in die Augen anderer tragen.

Eines Tages jedoch, im zweiten Sommer, ausgestattet mit gefütterten Winterstiefeln, drei Wintermänteln, zwei Schals, einem Paar feiner Lederhandschuhe und einer dicken Lammfellmütze, stellte er sich erneut vor seinen Spiegel, um sich zu betrachten. Da erblickte er einen zweiten Mann, der neben ihm stand. Schnell wandte Adam den Blick ab, da sein Spiegelbild ihn irritierte.

Nur wenige Tage vergingen, bis Adam bemerkte, dass er – aller Kleidung zum Trotz – sich nackt fühlte. Während Adam sich in seinen zwischenzeitlich vier Schichten von Kleidungsstücken doch erwärmen konnte, sah er den zweiten Mann aus dem Spiegel, der ihn von nun an nicht mehr verließ, nackt neben sich stehen. Und plötzlich wurde ihm beim Anblick des Nackten ganz warm und das Frösteln wich gleichsam über Nacht von ihm.

Da er immer noch klar bei Verstand war, beunruhigte ihn dieser Vorgang übermäßig, denn er war, wenn auch nur sichtbar für ihn selbst, zu zwei Personen geworden. Doch er sprach mit niemand darüber, weder mit seiner Frau noch mit weiteren Ärzten, da er kein Interesse an deren Diagnosen hatte.

Da ihn der Frost verlassen hatte, legte er ebenfalls über Nacht seine vierfache Kleidung wieder ab, so dass er – wie alle anderen Menschen um ihn herum – nur noch eine Schicht trug: eine Hose, ein Hemd, ein Paar Sommerschuhe, ein Jackett, keine Handschuhe und keine Wollmütze.

Alle, seine Frau und seine Kinder, die Freunde und seine Geschäftspartner, eben alle, die ihn sorgend oder mit lächerlichen Blicken beäugt hatten, waren erleichtert, als der exzentrische Adam wieder normal erschien. Doch Adam wurde seinen heimlichen nackten Doppelgänger nicht mehr los. Sah er nun in Zeitungen, im Kino oder im Fernsehen Bilder des Hungers, der Armut, der Kälte oder des Krieges, wurde nicht nur sein nackter Begleiter, sondern auch er selbst erneut unruhig.

Es geschah eines Tages, als Lilith ihre Tochter besuchte, die zwischenzeitlich nach Australien ausgewandert war und dort eine Zweigstelle des heimischen Imperiums gegründet hatte. Adam war allein mit seinem nackten Doppelgänger in seiner luxuriös ausgestatteten Villa, die an einem wunderschönen See lag, zurückgeblieben.

An diesem Tag fühlte er die Unruhe, die den Nackten überkam, im eigenen Leib aufsteigen, ohne dass er sich hätte zur Wehr setzen können. Der Boden unter den vier Füßen geriet ins Schwanken. Er fühlte sich gleich einem Passagier auf einem Schiff, das einem tosenden Orkan ausgesetzt war.

Da ließ sich Adam, von Unruhe, Schwindel, Übelkeit und auch der Nacktheit des Anderen geplagt, auf seiner Couch nieder, um sich zu erholen. Er schloss die Augen, um den Anderen, den Nackten, nicht mehr erblicken zu müssen und wurde vom Schlaf seines Zustandes enthoben.

Und siehe da, es öffnete sich die Pforte des Traumes. Und Adam träumte, wie er sein Leben, das er bisher gelebt hatte, durchwanderte. Er schaute an sich hinab und sah, dass er nackt war, und seine Blöße des ganzen Leibes erschien ihm, als sei dies immer so gewesen. Mit seinen nackten Füßen ging er und ging, durchwanderte Städte, in denen alle Menschen nackt waren und auch Wüsten, in denen kein Mensch – weder nackt noch angekleidet – anzutreffen war. Bis er am Rande der Wüste in einer weiten Ebene auf eine Ansammlung von Bäumen traf, in deren Mitte ein besonderer Baum stand. Dieser war fast aller Blätter entblößt, war alt und gebrechlich anzuschauen. Nur einige Früchte, die übermäßig groß erschienen, gleichsam wie bergende Glocken, hingen an den Ästen und beugten sich zur Erde hin.

Von der langen Wanderung lebensmüde geworden, legte sich Adam unter diesen sonderbaren Baum, um sich auszuruhen, denn sein Weg schien noch lange nicht zu Ende zu sein. Da versank er erneut in einen tiefen Schlaf und träumte: Und siehe, der Baum öffnete seinen kahlen Mund. Und die wenigen Blätter und seine hängenden Glockenfrüchte sprachen mit dem Stamm und den Ästen in einer Stimme: „Adam, wo willst du hin?" – „Zur Stille, zum Grund, zum Sinn", antwortete Adam dem Baum. Da öffnete der Baum seinen breiten Stamm gleich einer Vulva und erwiderte: „Lege deine nackten Füße in mich und du wirst eins werden mit meinen Wurzeln." Adam folgte den Worten des Baumes, legte sich flach auf die Erde und legte seine Füße an den Ort, von dem er nicht wusste, ob der Baum hier Neues gebiert oder ob diese Öffnung des Baumes eine alternde Wunde ist.

Und siehe, es strömte die Wurzelkraft des Baumes durch seinen vollkommen nackten Leib. Und Adam vernahm abermals des Baumes Stimme: „Spürst du die Kraft meines Leibes? Auch sie ist nur endlich, ist Blüte und Trauer, ist Schmerz und ist Neubeginn. Und niemand vermag, mich über die Zeit meines Lebens hinaus am Leben zu erhalten. Geh zurück, kleide dich an, esse und trinke, lebe und liebe, denke und handle so, als hättest du die Macht der Ewigkeit. Handle und liebe, als wäre dieser nackte Tag der letzte am Abendhimmel deines Lebens. Bedenke, du hast die Freiheit zwischen Gut und Böse zu unterscheiden. Ich dagegen bin dir und allen anderen Menschen ausgeliefert: euren Äxten und eurem Feuer, eurer Gewinnsucht und eurer Chemie. Ich bin Baum, bin Wurzel, bin Blatt und Blüte, bin Kahle und Pracht, bin zeitlich und göttlich. Du aber, geh zurück und preise, was dich geschaffen hat."

Da erwachte der liegende nackte Adam und erschrak, als er seine Füße im Stamm des sprechenden Baumes entdeckte. Angsterregt, in panischer Kraftanstrengung, versuchte er, seine Füße dem Stamm zu entreißen. Ein verzweifelter Kampf begann, der dauerte, bis seine Kräfte erlahmten. Da erst, in diesem kraftlosen Moment, lösten sich seine nackten Beine wie von Geisterhand gelenkt aus der festhaltenden Öffnung des Stammes. Erschrocken über den Ausgang des Kampfes erhob sich Adam von den Wurzeln des Baumes. Ein sanftes Gefühl der Leichtigkeit und Stille war über ihn gekommen. Aufrecht stehend betrachtete Adam lange diesen seltsamen Baum, der zu ihm gesprochen hatte, verabschiedete sich dankend für die wundersame Stille, die ihn umgab, und auch für die Worte, die er sich einprägte, als wäre jedes Wort aus Gold.

Adam setzte nun seinen Weg fort, immer noch in die gleiche Richtung, die er von Anbeginn an eingeschlagen hatte. Und obwohl sich Adam immer mehr von seinem Haus, seiner Stadt seiner Familie, seinem Besitz und seinen Kleidern entfernte, näherte er sich langsam einer neuen Stadt und einem großen Haus, das er als sein eigenes erkannte, das doch in seinem Rücken lag.

Seitdem er den sprechenden Baum verlassen hatte, waren ihm neue Kleider zugewachsen, ohne dass er es bemerkt hatte. Dass er nicht mehr nackt war, fiel ihm erst auf, als er vor seiner Haustür stand und in seine Hosentasche griff, um den Schlüssel zur Eingangstür herauszunehmen.

Er öffnete die Tür und trat in eine große Halle, in deren Mitte eine Wendeltreppe sich nach oben wölbte. Leichtfüßig folgte er den Stufen, die ihn in sein Wohnzimmer führten, und erblickte sich selbst, wie er schlafend auf der Couch lag. Er näherte sich dem Schlafenden, rüttelte ihn sanft an seiner Schulter, bis dieser langsam die Augen öffnete.

Der erwachende Adam schreckte aus seinem Ermattungsschlaf auf, erhob sich hektisch und suchte nach dem, der ihn aufgeweckt hatte. Doch es war niemand da. Es dauerte eine Ewigkeit, die in Wirklichkeit nur aus wenigen Sekunden bestand, bis der schlaftrunken aufgeschreckte Adam realisierte, dass er geträumt hatte. Ein aufregender und wundersamer Traum, der ihn festhalten wollte.

Er beugte sich nach vorne, betrachtete seine Füße, spürte den Parkettboden und hatte das Gefühl, als seien seine Fußsohlen unausweichlich gleich Baumwurzeln den Dielen verhaftet. Vorsichtig stellte er sich auf eine große Kraftanstrengung ein, die er erwartete, um einen Schritt tun zu können. Doch die Schritte, die nun einander folgten, waren so leicht, als schwebte er über den Boden durch den ganzen Raum. Nie zuvor hatte er in seinem bisherigen Leben einen derartigen Zustand erfahren.

Erst dachte er, diese Leichtigkeit sei das Resultat seiner Nacktheit und lief hastig zu seinem Spiegel. Doch siehe, er war angekleidet. Er, und nur er allein, sah ihm aus dem Spiegel entgegen.

Adam schloss seine Augen und konnte nicht fassen, was er sah, denn er war allein. Wieder öffnete er die Augen und wieder schloss er sie. Zum dritten Mal schloss er seine Augen und ein großes Gefühl des Glücks durchflutete ihn, so dass er lange nicht wagte, die Augen zu öffnen.

Und vor seinen geschlossenen Augen erschien ihm nun jene Lilith, die im Anfang Lili hieß, mit ihren großen tiefgründigen Augen, die ihm sein Herz weiteten und denen er sich ergeben hatte. Und jene alte Angst stieg erneut in ihm hoch, die er damals für den Bruchteil einer Sekunde empfand, als er nackt mit dieser Öffnung vor seinem Spiegel stand, ohne zu wissen, ob auch Lilith sich in derselben Tiefe ihm öffnen würde. In diesem kurzen Moment sah etwas in ihm, das er nicht weiter benennen konnte, jenen kleinen schwarzen Fleck, der ihn wissen ließ, dass er nackt und verletzt zurückbliebe, würde die Öffnung seines Herzens in die Leere laufen. Dieser kleine schwarze Fleck, den er damals in seiner Aufregung als Leidenschaft deutete, nach deren Erfüllung er sich sehnte, hatte sich im Laufe seines Lebens mit Lilith nie von der Ungewissheit befreien können, Lilith könne nicht ihn, nackt wie er war, gemeint haben, sondern seinen Reichtum, der ihn seit seiner Geburt umgab.

Stunden waren vergangen, die er so, stehend vor dem Spiegel, mit geschlossenen Augen verbracht hatte. Da öffnete er die Augen – und erschrak heftig. Denn im Spiegel sah er Lilith neben sich stehen.

Nein, er war nicht mehr im Traum, da war er sich sicher. Er drehte sich um. Und siehe da, Lilith stand wirklich und real vor ihm. Adam hatte ihre Schritte nicht gehört. Und Lilith hatte gewartet, bis ihr sonderbar gewordener Adam seine Augen öffnen würde.

„Du, hier? Woher kommst du denn?" spricht es aus Adam, der wie angewurzelt vor Lilith stand. Lilith betrachtete Adam schweigend, und eine große Last fiel von ihr, als sie ihn sichtlich verjüngt, wenn auch mit großen, erschreckten Augen, jedoch nur mit einer Schicht Kleidung, vor sich stehen sah.

Sie hatte sich entschlossen, ihre Reise abzubrechen und vor der Zeit zurückzukehren, da sie etwas Sonderbares erlebt hatte. „Komm, setzen wir uns, ich muss dir Wichtiges erzählen", sprudelte es aus Adam, dem war, als wäre seine Frau nie auf eine Reise gegangen. Lilith setzte sich neben Adam auf die Couch, auf der er geträumt hatte, legte ihre Hand sanft gleich einem ersten Kuss auf seine Lippen und erwiderte: „Ja, ich will dir zuhören, so lange du willst. Doch zuerst muss ich dir von einem Traum erzählen, der mich veranlasst hat, sofort zu dir zurückzufliegen."

Da erst nahm Adam wahr, dass der Traum sein Zeitgefühl verwirrt hatte und Lilith soeben drei Wochen zu früh zu ihm zurückgekommen war. Doch er schwieg, da sein Traum für ihn so real geworden war, dass er ihn nicht mehr verlieren konnte. Adam legte sich zurück in die weichen Kissen. Er hatte unendlich viel Zeit auf seiner Reise gewonnen. Lilith öffnete ihren Mund, während ihre Augen in den seinen hafteten, und erzählte ihren Traum:

Lilith träumte von einem Baum mit kahlen Ästen und eigenartigen Früchten, die übergroß waren. Lange betrachtete sie diesen Baum. Da wandelten sich die Früchte in Kirchenglocken, die laut und lauter wurden und einen ohrenbetäubenden Lärm verbreiteten. Inmitten dieses Getöses erhob sich aus dem Baum eine tönerne kalte Stimme, die ihr zurief: „Du bist schuldig". Diese Worte, denen sie verzweifelt zu entkommen suchte, trafen sie wie ein Blitz. Da fiel sie in eine tiefe Ohnmacht, die sie in den Schlaf legte. Und siehe da, es öffnete sich ein neues Traumgesicht: Immer noch stand sie vor dem alten kauzigen Baum, der zu zittern begann. Sein Zittern nahm zu und die Früchte drohten auf die Erde zu fallen. Des Baumes Zittern löste seine klaren Konturen auf und Lilith sah, wie der Baum sich inmitten dieser heftigen Bewegung in eine Frau verwandelte, die immer mehr ihre eigenen Gesichtszüge annahm, bis sie sich selbst erkannte. Da war der Baum Lilith geworden, die in aller Stille vor sich selbst stand.

Nach einem kurzen Moment erhob sich ein zweites Zittern und Reißen in ihrem Unterleib und ein großer Schmerz durchzuckte sie. Inmitten ihres Baumgefühls öffnete sich der Stamm, der eins war mit ihrem Leib, und eine klaffende Wunde zog den Stammleib in die Breite. Zu Tode erschrocken blickte Lilith auf die Wunde und sah, wie zwei nackte Beine hinein traten und den Schmerz verstärkten. Ihr stockte der Atem und auch das Herz wollte nicht mehr weiter schlagen.

Da beugten sich die Glockenfrüchte, die an Lilith hingen, zur Erde und raunten ihr zu: „Deine Zeit ist noch nicht gekommen. Geh zurück und schau nach vorne!"

Sofort löste sich der stockende Atem und auch der Herzschlag war wieder zu hören. Doch plötzlich waren aus dem einen Herzen zwei geworden. Während das eine Herz aus dem Schlaf erwachte, sah es mit offenen Augen, die an der Herzwand hingen, wie das andere Herz weiterträumte. Lilith war, als säße das eine Herz, ihr Herz, im Kino, um den Traumfilm des anderen Herzens, von dem sie nicht wusste, wem es gehörte, zu verfolgen:

Da sah Lilith ein kleines Mädchen im Alter von vier Jahren, das mitten in einer sandigen Wüstenlandschaft stand. Dieses Kind sah aus, als wäre es eine Oase des Schweigens. Da begann das Kind – trotz großer Hitze – zu frösteln und ein Zittern überkam es, das zunahm und es durchschüttelte, als ginge es darum, ihm seinen Verstand zu nehmen. Und inmitten dieses großen Zitterns, das einem Erdbeben glich, verwandelte sich das Kind in einen Baum, der wuchs und wuchs. Im Zeitraffertempo entwickelten sich Knospen, sie blühten schnell und prachtvoll und entwickelten Früchte, die zu Boden fielen. Doch nach jeder gefallenen Frucht wuchs eine neue Blüte, die sich in eine kleine Kirchenglocke verwandelte, die keinen Ton von sich gab, obwohl ein stürmischer Wind sie hin und her bewegte.

Plötzlich erzitterte der Baumstamm erneut, während seine Äste und die Glockenfrüchte in großer Stille erstarrten. Der Stamm öffnete seine Rinde, hinter der sein Baumherz pochte. Und das Herz formte die Öffnung zu einer großen Wunde. Da legten sich erneut zwei nackte Füße in die Wunde und wollten sie nicht mehr verlassen. Ein drittes großes Zittern überkam den verwundeten Baum, der sich im Intervall nun hob und senkte. Währenddessen, in dieser wellenförmigen Bewegung, verwandelte sich der Baum erneut in eine erwachsene Frau. Es war ein rastloses Schauspiel, bis das sehende Herz die Gesichtszüge von Lilith erkannte. Doch der Leib von Lilith war Baumstamm geblieben, in dem nackte Füße lagerten.

Lilith blickte erschrocken entlang ihres stämmigen Leibes auf die Wunde, die sich unterhalb ihrer Brüste befand. Die nackten Füße begannen sich zu bewegen, drehten sich im Kreis und verstärkten den Schmerz, der die Glocken zum Läuten des Schweigens brachte. An den übergroßen Füßen hing ein langer nackter Körper, der sich am Boden wälzte und dessen gnomenhaftes Gesicht hasserfüllte Züge trug. Je länger und unausweichlicher ihre Augen den fremden Körper betrachteten, der nicht zu ihr gehörte und doch in sie eingetreten war, desto mehr verwandelte sich das hässliche Fratzengesicht in das starre Antlitz ihres Vaters.

Da erwachte Lilith gleichzeitig aus allen Träumen, schweißgebadet und mit dem unausweichlichen Drang, sofort zu Adam zurückzufliegen, dem sie eine Antwort auf seine nicht gestellte Frage zu schulden glaubte.

Hoch über den Wolken im Flugzeug hing sie diesem Traumgesicht nach und siehe da, jene kleine Blackbox, zu der sie in ihrem ganzen Leben niemandem Zutritt gewährt hatte – nicht einmal sich selbst – öffnete sich. Ihr Inhalt bot einen üblen Anblick. Die Schwärze der Kindheit, die der Vater erzeugte, durchzog ihre Erinnerung und vermischte sich mit des Baumes erster Stimme: „Du bist schuld". Ihr war, als würde der Geist des Vaters einen letzten bösen Versuch unternehmen, ihr seine Schuld aufzuladen.

Tränenüberströmt in 10.000 Metern Höhe brach ihr das Bild des Vaters entzwei. Doch der Traum hatte den Bann dieses Geistes gebrochen. Die Schuld traf den Nackten, nicht das Kind. Und der Nackte war tot.

Als die Maschine auf dem Flughafen landete, waren die Tränen versiegt und festen Schrittes, um Tonnen aus vergangenen

Zeiten leichter, ging sie Adam entgegen, den sie mit geschlossenen Augen vor seinem Spiegel fand.

Lilith schwieg. Und auch Adam schwieg. Beide schwiegen lange, bis sich ihre Tränen, die stumm aufstiegen, in ihrer Umarmung vermischten. Dann erst, niemand weiß, wie viele Stunden vergangen waren, erzählte Adam Lilith von seinem Traum.

Die Nacht war weit fortgeschritten, als Lilith und Adam vor Müdigkeit gemeinsam und lange in den Schlaf fielen. Und sie träumten beide vom selbigen Baum. An seinen Ästen hingen lauter Sätze, die sie abwechselnd sich gegenseitig vorlasen:

„Mehr als genug ist zuviel genug."

„Weniger ist mehr."

„Teile ohne herrschen."

„Kleide die Nackten".

„Der Himmel ist die Erde."

„Alles geht hin zum Guten."

„Die Erde gehört allen."

„Schreibe die Tat an die Wand."

„Das Nadelöhr muss sich weiten."

„Mehr als genug ist zuviel genug."

Da erhob sich ein Sturm und riss die noch nicht gelesenen Worte mit sich fort. Als Adam und Lilith am nächsten Morgen erwachten, wussten sie wortlos, was nun zu tun war, denn sie lebten beide im „Mehr als genug", und alles war „Zuviel genug". Und sie teilten ihr Zuviel am Reichtum mit Jenen, die „Zu wenig am Genug" hatten, bis sie genug besaßen.

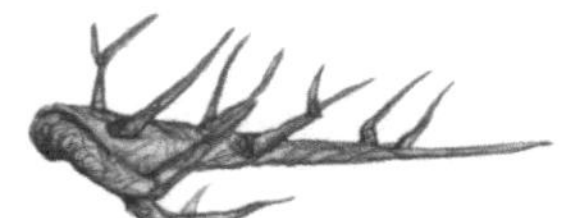

GRENZSCHLAF

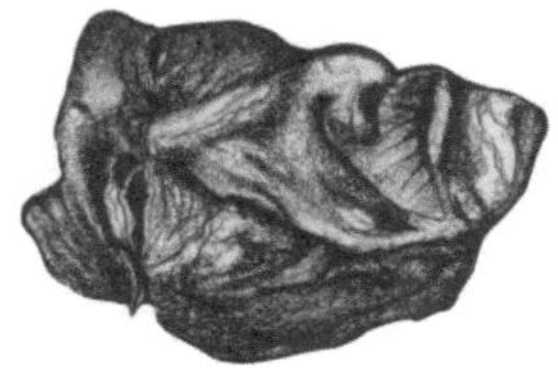

STERBEN

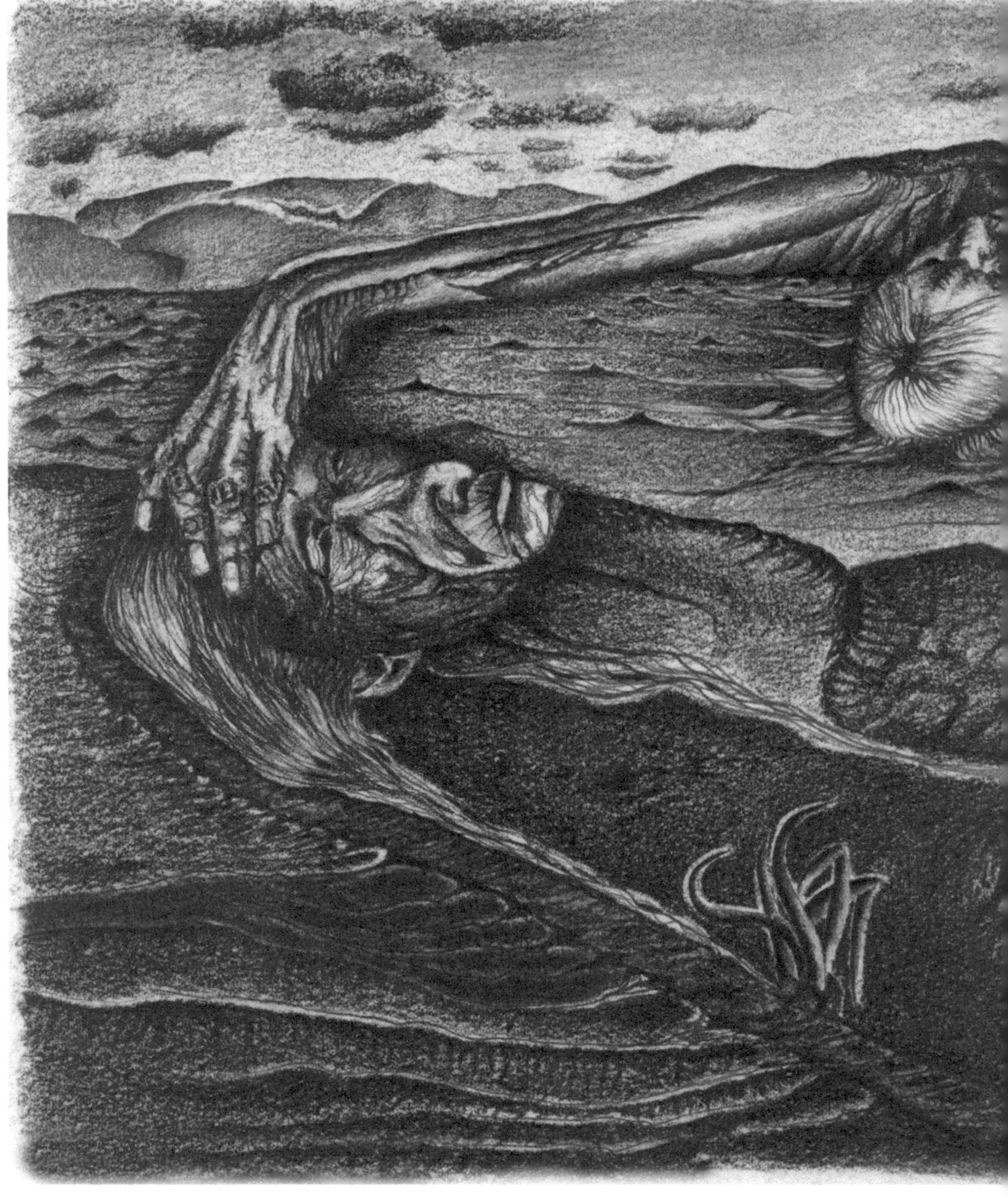

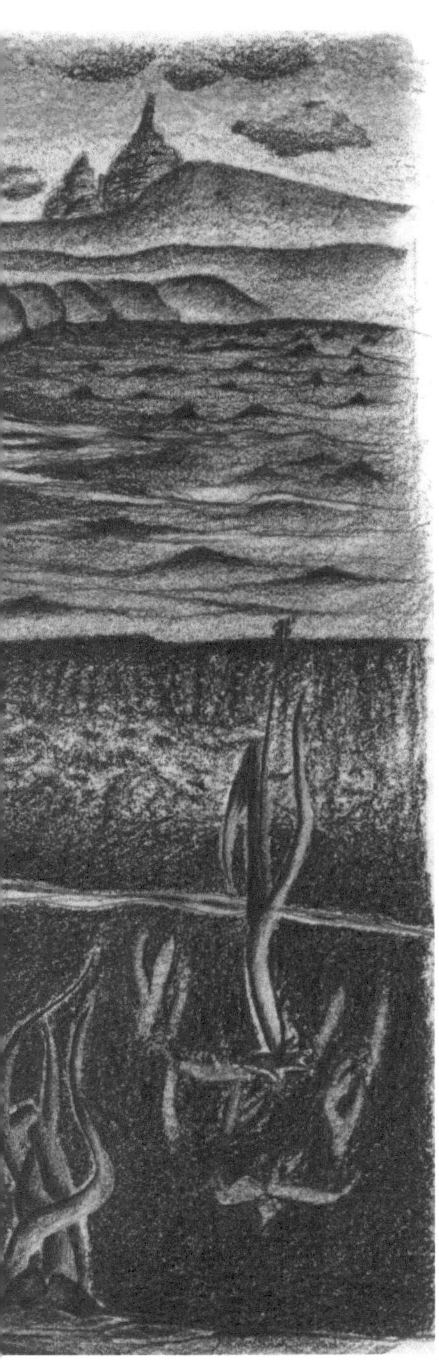

Todtrunkener Leib.
Ein Darmgeflüster der Metastasen.
Krebsiger Jenseitssturm.
Ödemwuchtender Muskelschwund.
Spannbettene Beine
deren Haut über den Knochen
zum Platzen gestrafft.

Fadwelkende Haut.
Lahmender Schritt.
Ein Schnitt mitten im Leben.
Den Rücken in die Letztzeit gebeugt.

Krückengestützt schleppt sich
der krebsschwärmende Schmerz
morphiumgestillt
in verleugnete Todesnäh
während der Mund Worte stammelt
und das Gehirn Nervenbahnen
gegen den Strom vernetzt
der Namen und Ereignisse verwechselt.

Ihre Todin wartet
um den letzten Atemzug
in Besitz zu nehmen.

Der Geist redet Erde
zur Seele zum Bleiben
während ihr Körper
sich aus der Welt schrumpft.

Ein Lungenkampf gegen
zerfallende Atemmühlen.

Die Herzkammern pochen
im Gegenwind zur Grenz.

Der Stummschrei
schluckt Buchstaben
die zur letzten Wahrheit drängen.

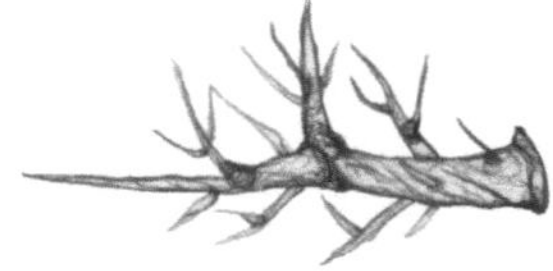

ALLEE

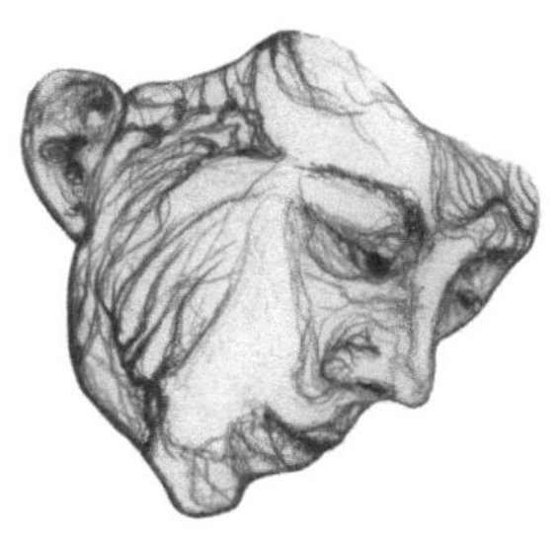

BETRACHTUNG

ALLEE

Was eine Künstlerin/ein Künstler im Kunstwerk dem Blick der Betrachtenden preisgibt, ist ein Augenblick der Schöpfung, ein Mythos, eine Weltendeutung. Ein Bild mag der gegenwärtigen Befindlichkeit der Künstlerin zum Ausdruck verhelfen. Ein verlängerter Traum aus der Nacht. Ein Gefühl, wer kennt schon den Nährboden. Ein Gedanke der Gegenwart.

Die Zeichnung kann Anlass sein zur Freude oder zur Trauer. Sie mag Schmerz veräußern oder auch anderes. Das Kunstwerk kann zum Nachdenken anregen und zur Betrachtung mit oder ohne Folgen für die betrachtende Person.

Doch kein betrachtender Blick wird das Gebilde im selbigem Ausdruck aufnehmen, wie es erschaffen worden ist. Und ein aufnehmendes Augenpaar gleicht nicht dem anderen. Ein Bild, gleichsam ein geschenktes Angebot, das sich dem Eigenen öffnen will. So erfährt auch Dein Bild in mir eine Metamorphose durch mein augenblickliches Sein.

Bin ich in der Zeit von Glück, wird mich Dein Ausdruck auf eine andere Art erreichen, als wenn Unglückliches, so zum Beispiel der nahende Tod eines mir nahestehenden Menschen, mich umgibt.

Gewähre ich meinen Augen – diesen Toren zur Welt – die Langsamkeit der Zeit, wird sich mir die Verbindung zu Deinem Kunstwerk anders erschließen, als wenn meine Augen in der schnell fließenden Zeit über Deine feinen Striche huschen. So will ich betrachten in der langsamen Zeit zwischen Impulsen, die sich gleichsam dem Leben wie auch dem Tod zuneigen. Ich verknüpfe Dein Werk mit meinen Gedanken, die nirgendwo auf dieser Welt der Gefahr eines Duplikats ausgesetzt sind. Und meine Gedanken sollen in Form von Worten zu Dir zurückkehren gleich einem veränderten Spiegelbild Deiner Schöpfung, die – immer gleichbleibend – sich im Du, das ich bin, erneuert und wandelt ...

... und sie legten sich nieder auf die Allee, die ihnen aus der Ferne zuwächst. Gleich einem Wall der Natur, den der Mensch sich zur tragenden Säule ordnete. Ein Schöpfungsmythos, der offen lässt, ob der Mensch heute immer noch ein Produkt der Natur ist, eingefangen in der Doppelhelix, oder ob er das Resultat der sich selbst geformten Kultur ist.

Der eine Blick entdeckt, wie der alleengetragene Mensch – sich selbst bergend – in die Natur eingebettet ist. Der andere Blick mag sehen, wie die kulturelle Ordnung den Menschen trägt.

Und ein dritter Blick mag sich ängstigen am fasrigen Verschwinden der Leiber, an der Auflösung kultureller Normen und Werte, die den Boden unter den Füssen verlässlich machen. Das nächste Auge vermag die enge Verbindung zwischen einer kulturgeformten Natur und einer naturgewachsenen Kultur zu erfassen.

Was der Wahrheit eines Kunstwerkes entspricht, kann und soll niemand weder im Streit noch im Frieden entscheiden, auch nicht die eigene Schöpferin. Denn Dein Werk, einmal der Öffentlichkeit preisgegeben, wird von nun an sein Eigenleben führen.

Ist es ein Ast oder ein Finger, der zugleich verbindet und trennt, oder sich wie eine Wunde – zur Vorsicht mahnend – zwischen die Liebenden legt? Oder sind es Liebende und gleichsam

langsam
getragen
vergehen
bergend
schöpferisch
liebend
sterblich

Wahrheiten

bleiben + gehen
es ist, wie es ist
gemeinsam
standhalten
zugeneigt
halten

nicht Dein
Abenteuer Leben
nicht Mein

Sein in der Zeit
Darüber hinaus

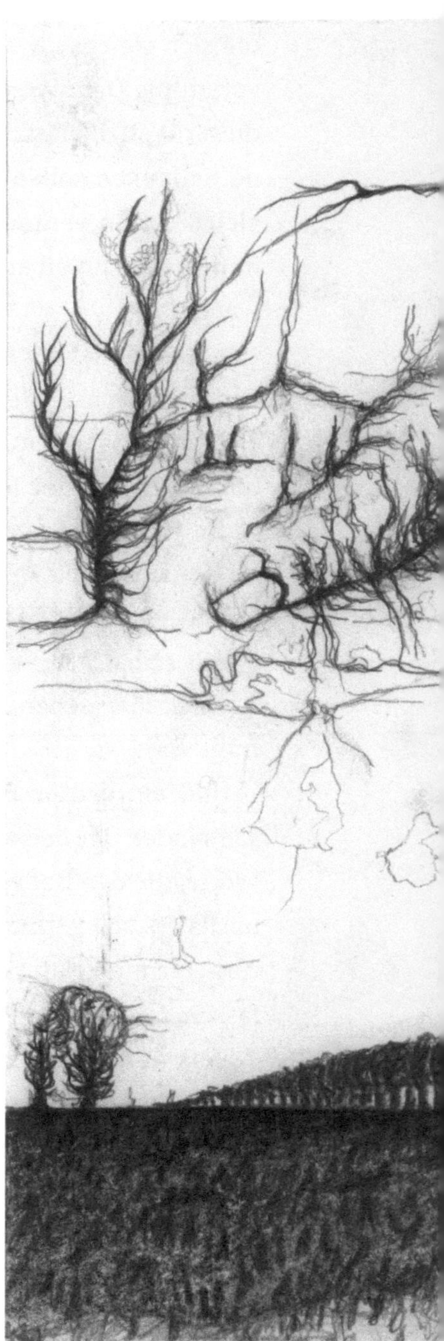

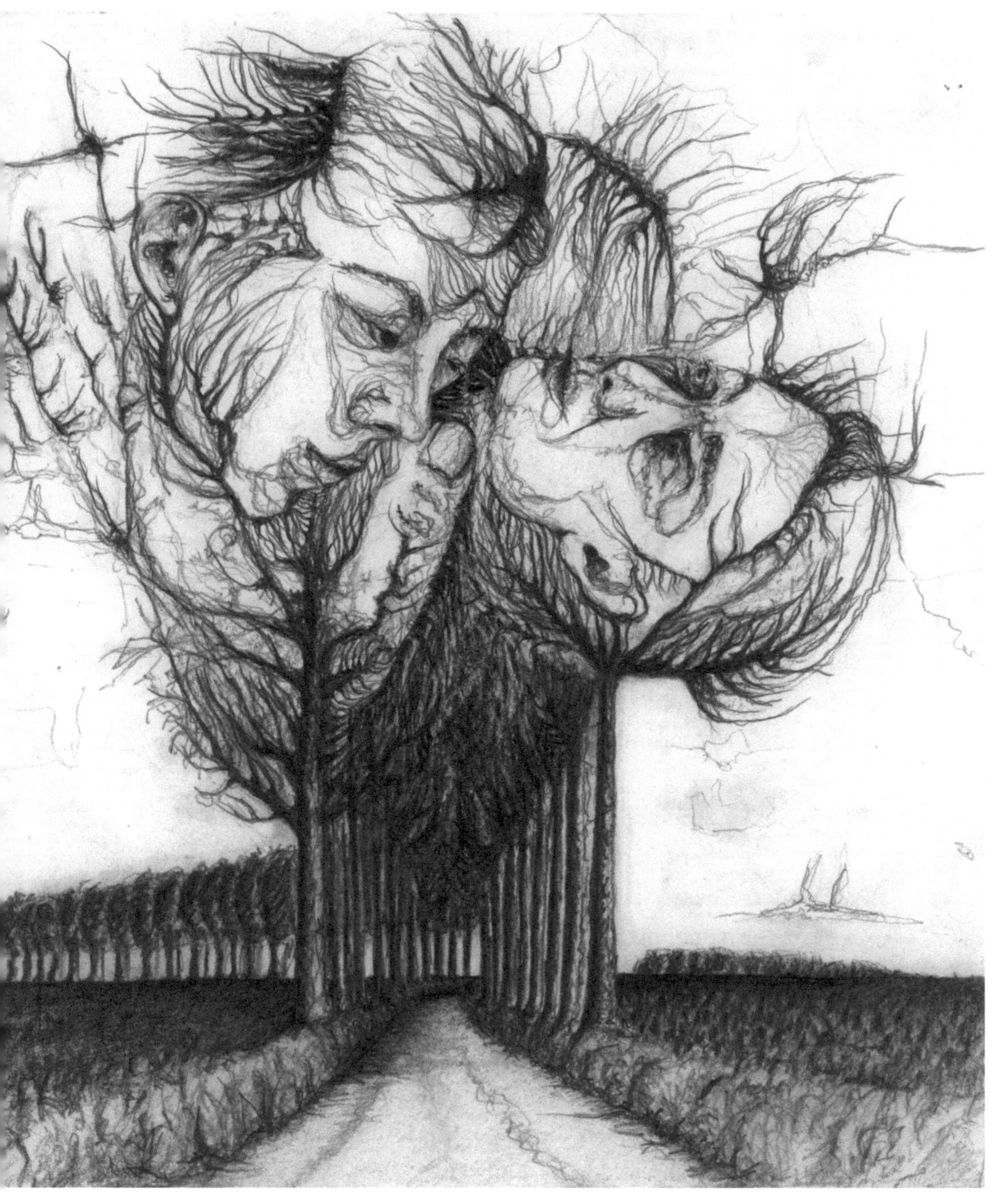

Getrennte, die sich in die Allee zur Stille legen? Was ist der Kitt einer Liebe, wenn des einen Augen in der Ferne das Weltall erblicken, während die Augen der anderen sich zur Erde hin neigen? Umfassen sie hier nicht dennoch in der Berührung gemeinsam die gesamte Dimension ihres verbundenen Seins zwischen Himmel und Erde, zwischen Nähe und Ferne?

Dort, wo die Bäume ihre Äste gleich Menschenadern gen Himmel strecken, hindurch durch des Menschen eigene Welt.

Wer mag trennen und vereinen die Schöpfung Gottes, der oder die sich jedem Bildnis entzieht? Der Mensch, Du, ich, die anderen, die Gegangenen, die noch nicht Gewordenen, sich erhebend zwischen Natur und Kultur, zwischen Himmel und Erde, zwischen All und Bäumen, zwischen Gut und Böse.

Eine Liebe, die gleich Worten in der Luft zu schweben vermag, ohne je die Bedingungen dieser menschlichen Erde verlassen zu können. Denn auch Worte unterliegen der Schwerkraft dieser Erde, wie auch jeder Strich Deines Bildes. Meine Gedanken schweifen zu Adam und Eva, und sie können dies nur, weil meine Allee im Christentum oder eine andere Allee im Judentum wurzelt.

Ich denke an diese Beiden, wie sie an der letzten Pforte stehen, die aus dem Paradies ins Erdendasein hineinführt, um zu verhindern, dass sie nicht auch noch vom Baume des ewigen Lebens Besitz nehmen, der sie zur Ewigkeit göttlicher Zeiten ermächtigen würde.

Sich zugewandt in den Fasern ihres nun begrenzten Lebens, gehalten vom Finger ihres Gottes, der aus dem Baum der Erkenntnis von Gut und Böse ragt und sich mit der Natur vereint.

Welche Liebe hält dem Blick des Anderen stand? Muss sich der Blick nicht abwenden in die Ferne, damit sich die Liebe an ihr zum Bleiben nähren kann? Gehören nicht Erde und Himmel, Zeit und Ewigkeit in diese Liebe, die zum Bleiben in den Bewegungen dieser Welt ermächtigt und dennoch in der Auflösung dem Tod entgegenströmt?

Fern bist du – und doch nah.

Vereinte Suche zwischen Bleiben und Gehen.

Zwei Richtungen mit einem Ziel.

Kein Falsch – nur Suche.

Kein Richtig – nur Finden.

Welche Liebe hält stand, ohne den Blick auf die letzten Fragen dieses Lebens zu richten?

Wer das Paradies überdauert, dem kommt die letzte Frage des Todes ohne Zutun entgegen, gleich einer Freundin, die das letzte Vertrauen ins Fremde herausfordert. Denn niemand kann den Weg danach wählen. So weit reicht unser freier Wille nicht. Und wir müssen uns dem Tod ohne Wissen und Können anvertrauen. Wohl denen, die es können.

Welche Liebe hält stand, ohne den Blick auf die nächste Frage der Gegenwart zu richten? Sie ist immer da und wird zum Prüfstein der Liebenden. So vereinen die Blicke der Liebenden die weitesten Dimensionen ihres Zusammenseins.

Aufgelöst sind des Lebens feingliedrige Fasern gleich Erinnerungen, die sich in der Zeit verflüchtigen. Aufgelöst in einem weiten Raum, der sich dem Ende der Zeit entgegenneigt.

Haar von deinem Haar.

Mund von deinem Mund.

Wo ist mein Leib von deinem Leib.

Das neue Leben.

Knetmasse aus Staub, der sich nach einer kurzen Erdenzeit im Weltall verflüchtigt. Die Endlichkeit der Zeit, während Blicke in die Ewigkeit schweifen.

Doch drehe ich Dein Bildnis zur Seite, wandelt sich Gottes Finger zur Hand des Haltenden und Bergenden. Ich lege mein Haupt in deine eine Hand. Und die andere legt sich um meinen aufgelösten Leib, der sich mit deinem verschwundenen Leib eint. Doch deine Schultern sind eins mit der aufrecht liegenden Allee.

Wir können unserer Natur nicht entkommen und sind dennoch nicht an sie gebunden. Während des einen Blick immer noch in die Ferne schweift, ruhen der anderen Augen in deiner bergenden Hand, die dich hält, ohne zu klammern. Die Haare, ein Bündel von Leben, das sich den Stürmen des Lebens ergeben hat, ohne ihre Wurzeln zu verlassen.

Eine Liebe, die sich in der stürmischen Geborgenheit des Lebens der letzten Auflösung anbietet.

Du Tod – du letzter Atem unserer Zuneigung. Ohne den Glauben an diesen oder jenen Mythos weiß niemand das Danach.

Du letztes Abenteuer.

Alle werden es erleben.

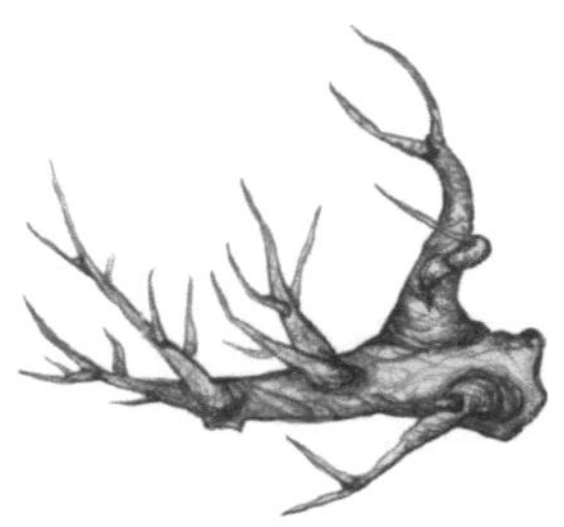

WEG

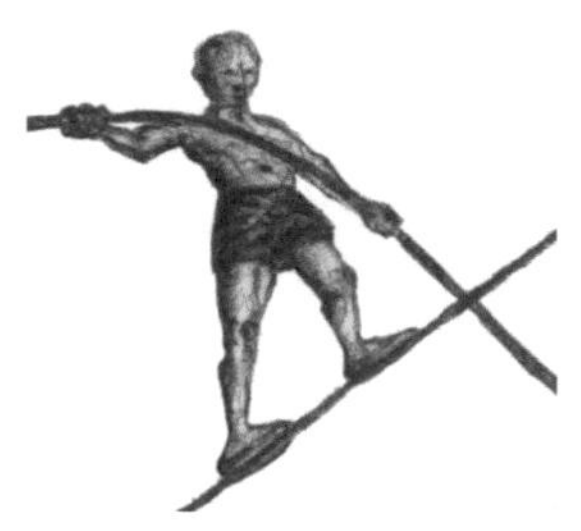

BALANCE

Lebenskunst
Ein Drahtseilakt zwischen
spitzen Schluchten
kühlen Schattenbuchten
und Himmelswacht

Ein Hochgang
zwischen Rosen
über Wüsten
unter Wolken

Kein Seitensprung
noch Rückschau
oder Vorwärtsrasen
im schnellen Schwung

Nur ein langsamer Schritt
in blanker Gegenwart
gegen Fehler und Fall
ohne Sicherheitswall

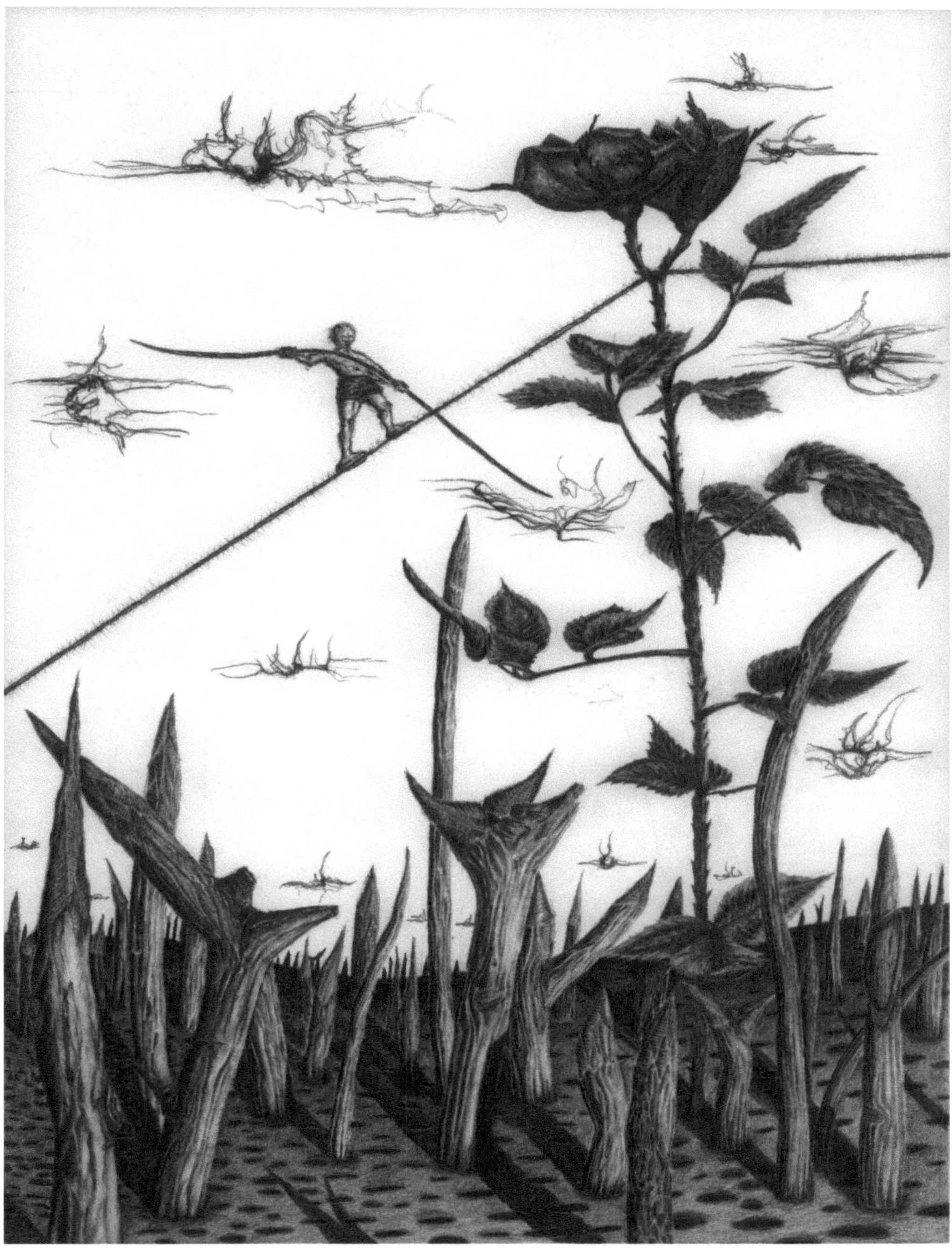

Geschultert
mit Bogenhalt
gegen Strauchelwogen
und Absturzwellen

Ein Tanz
durch dünne Lüfte
und einsame Düfte
im Höhenglanz

Freiheit
ein Hochgefühl
mit Unterschatten
und Lanzenspitzen
die warten ...

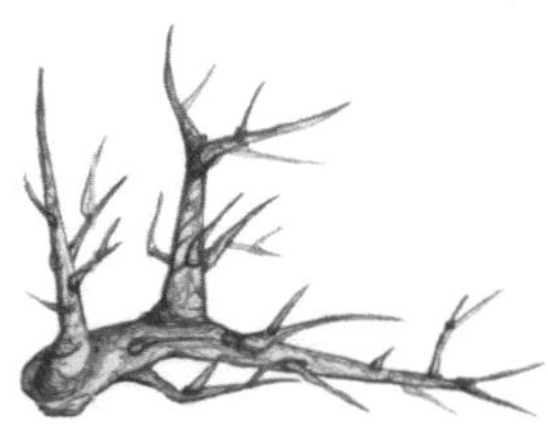

SPIEGELWAND

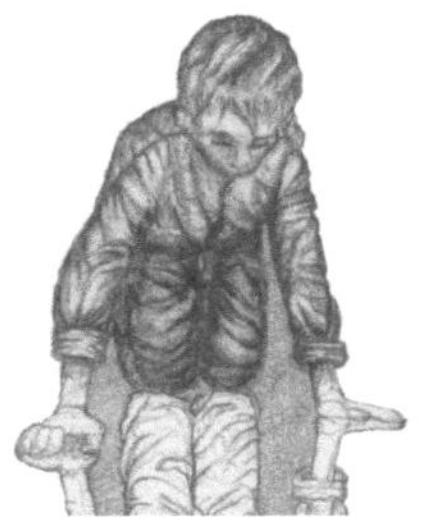

DU

Das kleine ICH
sucht sein DU
im Außen und Innen
nur Spiegel und Wand

Wo aber bist Du – Hand
Du Mutter
Du Vater
Du Freund
Du Welt

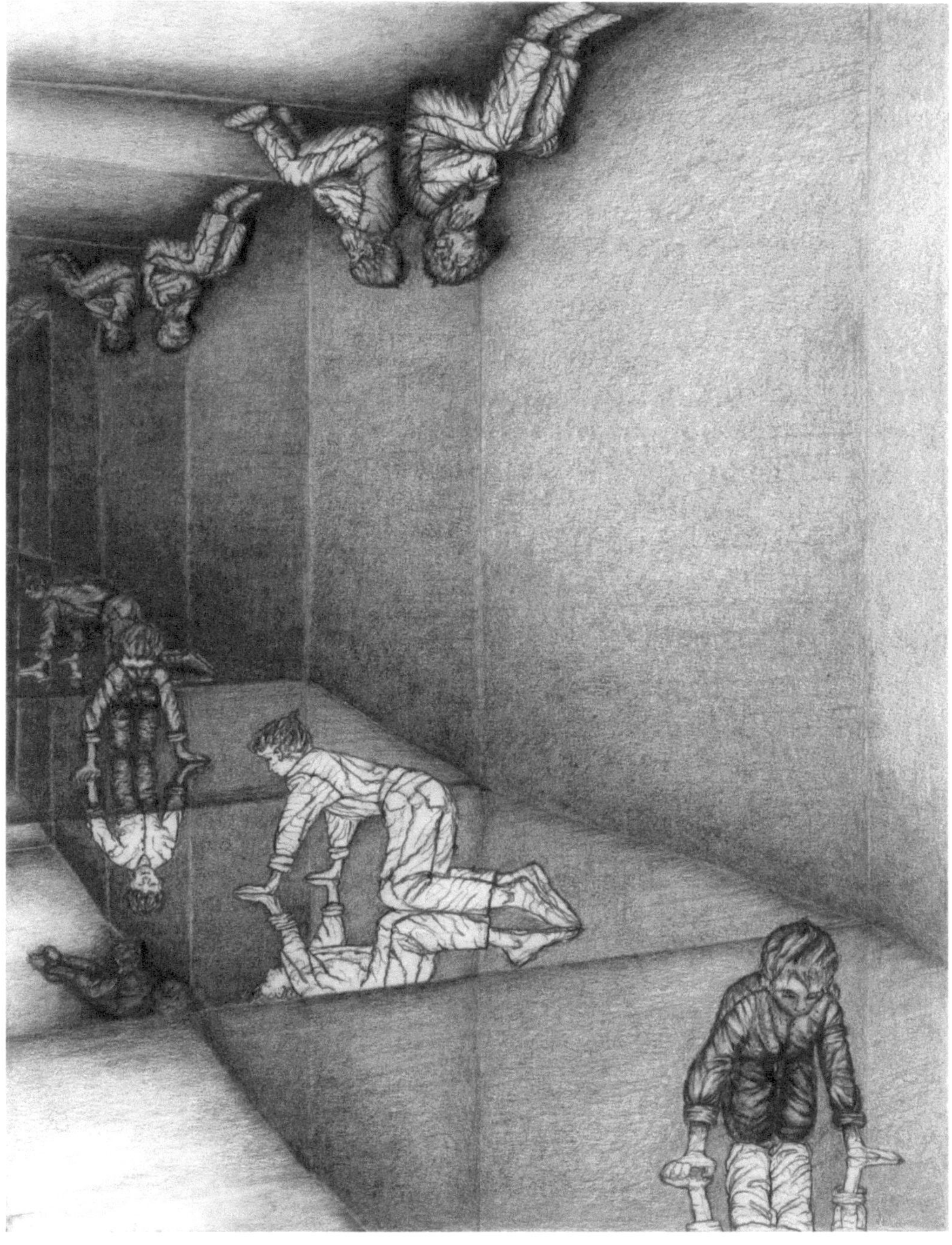

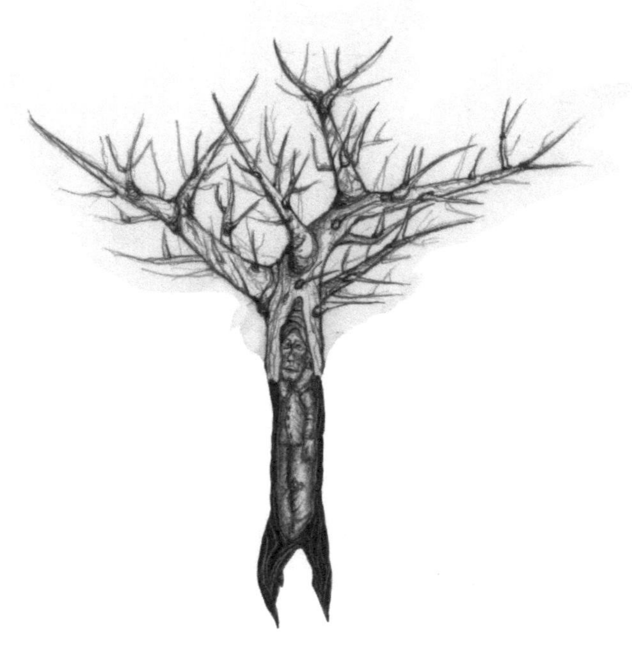

HIMMELSGEISTER

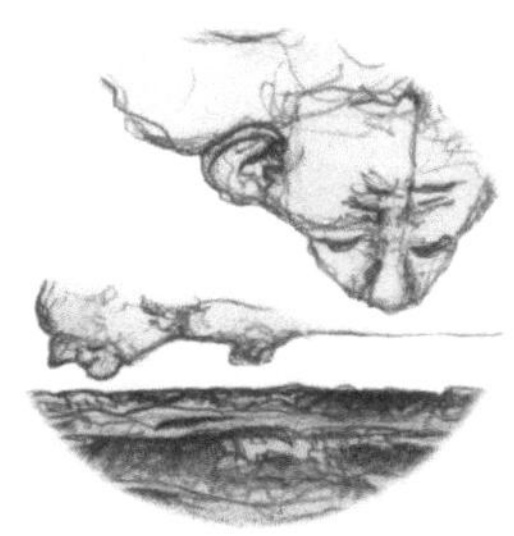

SCHÖPFUNG

... und die Geister
des Augenblicks schweben
stumm übers Meer
und suchen
das Wasser zu formen
mit Chemie ihrer Normen
die Welt neu zu erdichten
gleich stummen Kreaturen
ohne Spuren der Vergangenheit
die blindlings ertrunken
in den Wogen der Zeit
im Vergessen versunken.

Die Schöpfung ist gebunden
zwischen Chaos und Ordnung
frei zu gestalten mit und
ohne Hybrisgewalten.

Tagtäglich erfinden
zwischen Gestern und Morgen.
Sonst wird's zum Weinen.
Ein Wasserschwinden.

Die großen Baumeister
mythologischer Zeiten
sind tot.
Wir essen heute
das Wiederkehrbrot.

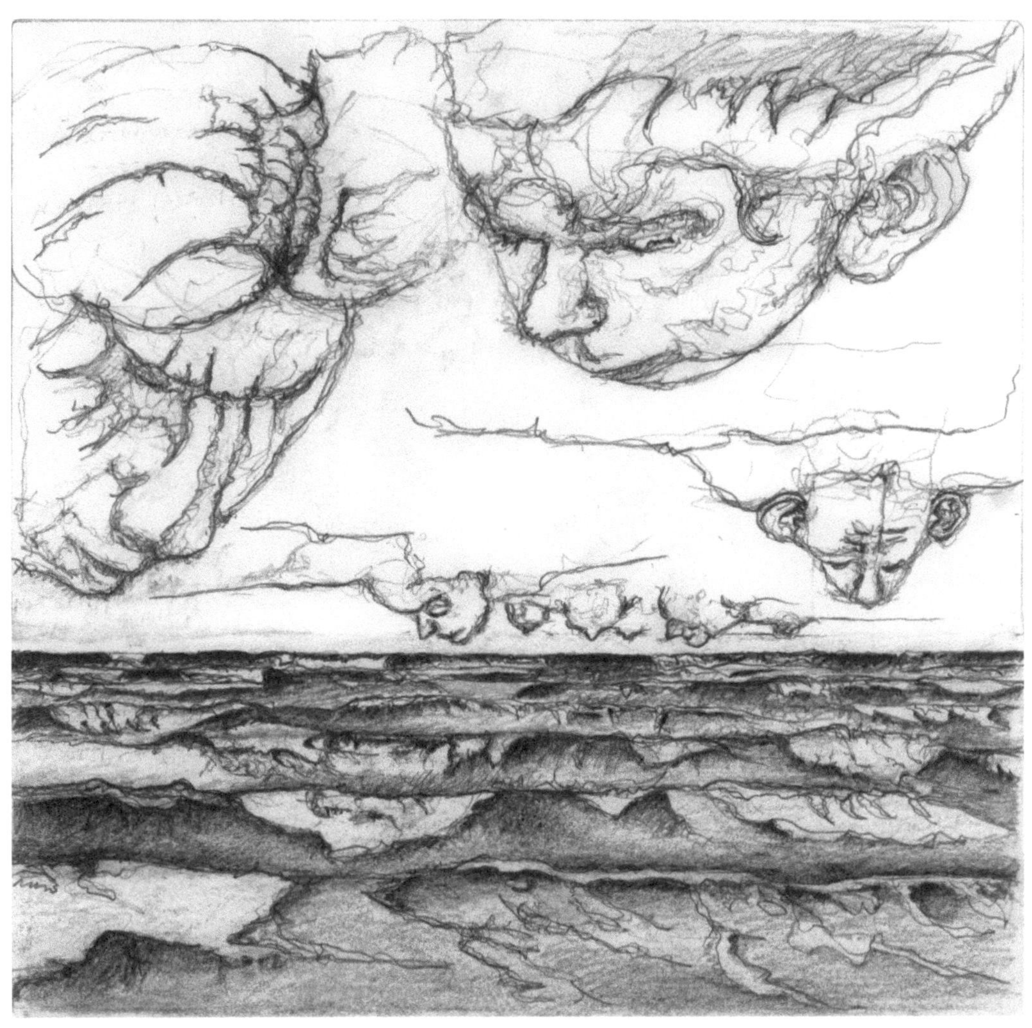

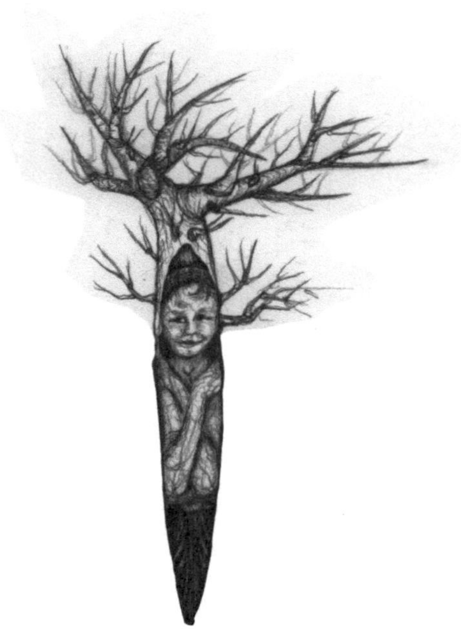

ZAUBERER

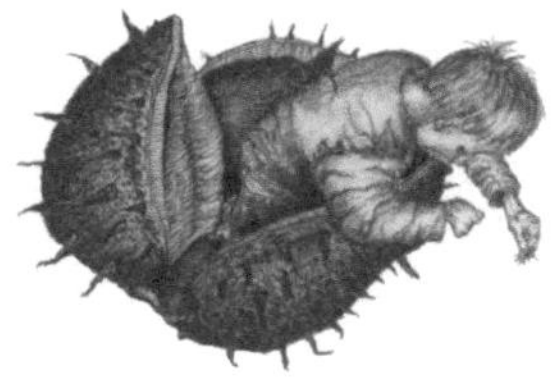

STERNE

Sterne
fallen vom Himmel
während Simon
im Tanz
mit seinen Kometen
jongliert.

Springt
von den Bäumen
ihr Neugeschöpfe
funkeln die Lichter
den Früchten entgegen.

Wir fallen
zur Erde
und wollen
im Spiel
mit euch glänzen.

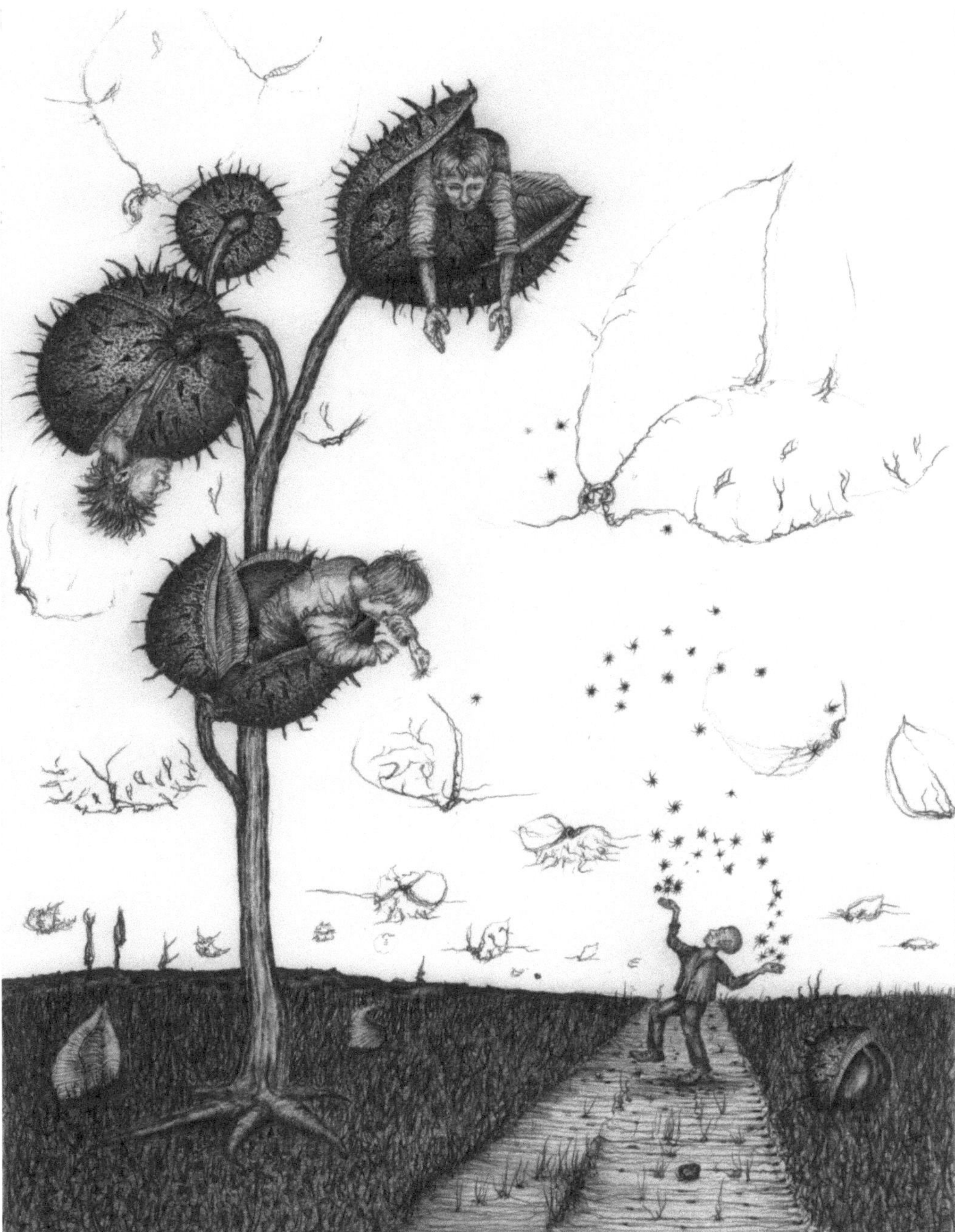

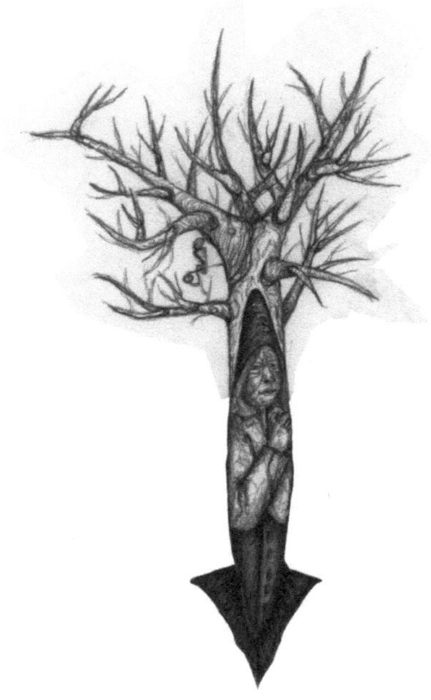

ZÜNDELNDER GEDANKE

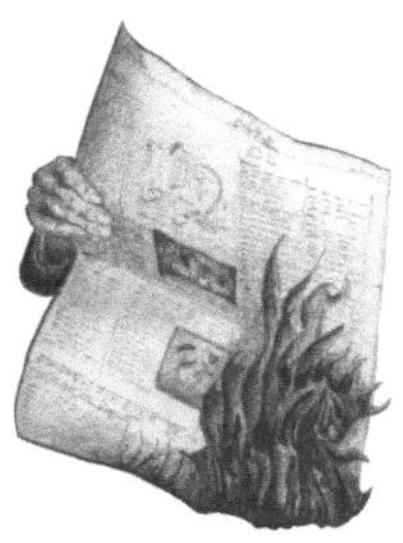

ZEITENWENDE

ZÜNDELNDER GEDANKE

I. Denk ich an Zeit, denk ich an Krieg und Frieden, an Tod und Leben, an Schmerz und Freude, an gute und belastete Leben – und vor allem: an Opfer und Täter im Gewirr zwischen unhinterfragten Befehlsketten, abwesender Zivilcourage und fehlendem Gewissen.

Die Rede von unschuldigen Opfern impliziert, dass es auch schuldige Opfer gibt. Die Rede vom falschen Krieg beinhaltet die Rechtfertigung des richtigen Krieges. Wäre ein richtiger Krieg denn ein solcher ohne Gewalt gegen die Zivilbevölkerung, gegen Frauen, gegen Kinder und gegen alte Menschen? Ohne Vergewaltigungen, ohne Folter, Plünderungen und andere Grausamkeiten? Ohne chemische, biologische und atomare Waffen? Ohne Macht- oder Ressourcenraub? Ohne kriegsbedingte Wirtschaftsgewinne? Ohne Verwüstung und Hunger? Ohne Nebenwirkungen? Dann wäre ein richtiger Krieg der wichtigste, den wir zu führen hätten: gar keinen Krieg.

Ein falscher Krieg: überflüssige und illegitime Gewalt. Sind illegitime und legitime Gewalt voneinander zu trennen? Ich sage: Nein! Denn die am Krieg Beteiligten – ob Angreifer oder Verteidiger, die Kategorien vermischen sich – sind nicht gleich Maschinen auf die eine Form von Gewalt und Zerstörung zu programmieren, während die anderen Formen von Gewalt tabu sein sollen. Menschenwürde und Genfer Konventionen hin oder her. Die jüngsten Kriege unserer Geschichte bestätigen diese Dynamik. Sind sie richtige Kriege? Falsche Kriege? Wer beurteilt dies?

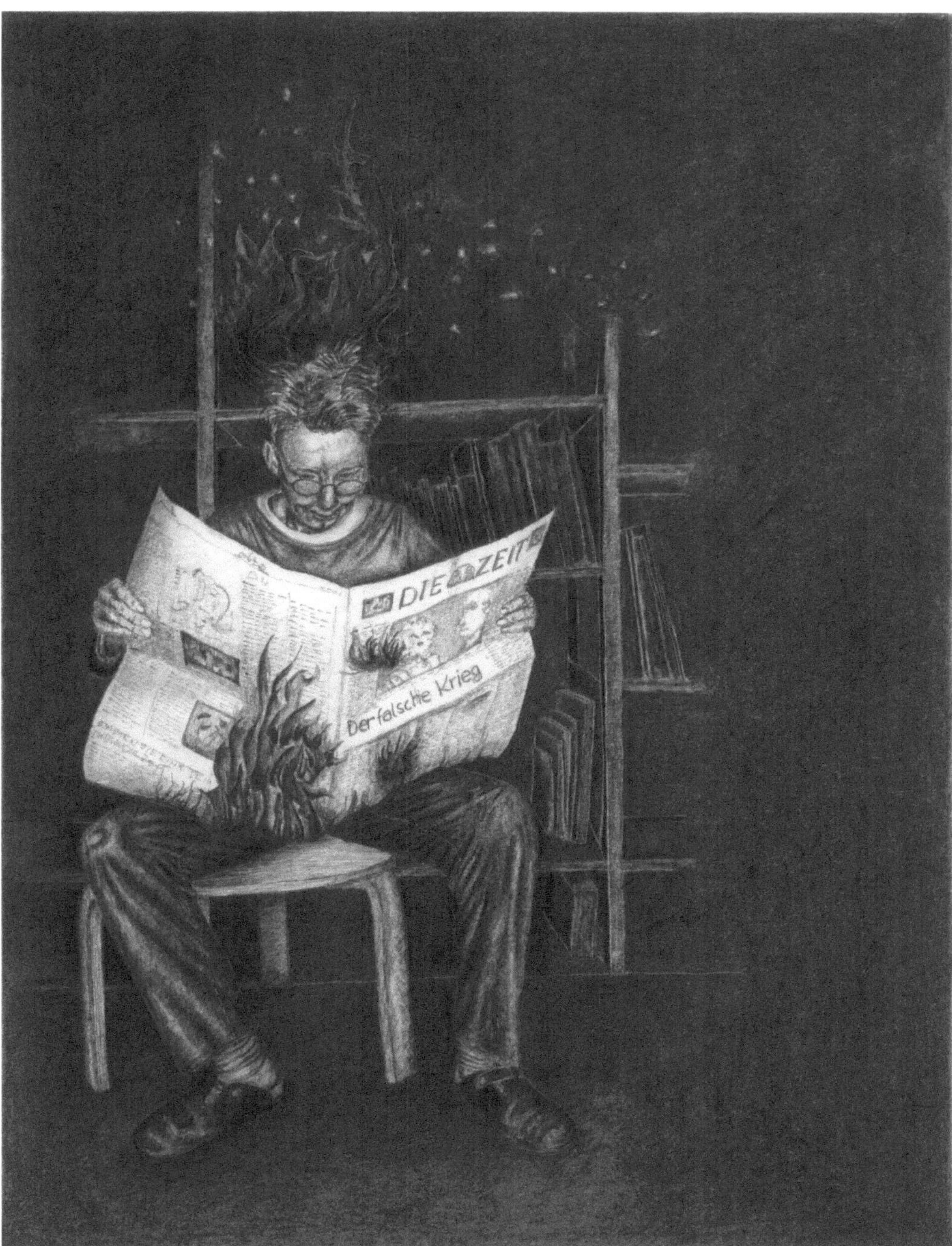

DIE ZEIT
Der falsche Krieg

Für die Opfer ist jeder Krieg ein falscher Krieg.

Ein richtiger Krieg, ein unumgänglicher Krieg – dies soll das allerletzte Mittel der Notwehr sein zwischen Macht und Ohnmacht: überflüssige Flammen und Tote, Gemordete und Vergewaltigte, Gefolterte, Gedemütigte, traumatisiert im Überleben zurückgelassene Menschen. Eine Verunstaltung von Menschen, von Angehörigen der Zivilbevölkerung wie auch Angehörigen der Streitkräfte.

Ein richtiger Krieg: Wahrlich keine Grundlage für einen Frieden, der immer folgen soll. Im Angesicht des Friedens gibt es keinen falschen Krieg und keinen richtigen, keinen falschen Frieden und keinen richtigen.

Mord ist Mord.

Krieg ist Krieg.

Opfer ist Opfer.

Frieden ist Frieden.

Vergewaltigung ist Vergewaltigung.

Täter ist Täter.

Lüge ist Lüge.

Es gibt keine falsche Lüge.

Es gibt keine falschen Bomben im richtigen Krieg. Bomben bedeuten Zerstörung, gleichgültig, ob sie richtig, falsch, versehentlich oder zum Test abgeworfen werden. Gewalt zwischen Legitimität und Illegitimität bleibt untrennbar und daher auch überflüssig. Oder gibt es legale oder gar notwendige Gewalt?

II. Gleichgültig, ob sie es glauben, tun oder unterlassen – alle Christen lernen die Botschaft: Wenn dir jemand auf die linke

Wange schlägt, halte ihm/ihr auch die rechte zum Schlag hin.

Das kleinste Mittel, um kleinste (oder auch große) Kriege zu vermeiden? Soll das Hinhalten der zweiten Wange den Täter beschämen und ihn zu Einhalt und Umkehr bewegen? Was aber, wenn Täterinnen und Tätern Gefühle der Scham abhanden gekommen sind? Oder will sich das Wangenopfer durch Nichteinmischung schuldlos halten im Angesicht Gottes? Welches Verhalten wird einst oder schon jetzt im Diesseits schuldhaft zur Rechenschaft gezogen werden: Nichteinmischung, verweigerte Gegenwehr oder die Anwendung von Gewalt gegen die eigene Lebensbedrohung und auch die meines Nächsten und meines Fremden? Sollten wir diese Erde nicht in Freiheit zum Guten hin gestalten? Diese Erde und unsere Welt im Guten untertan machen?

Das Wangenopfer ist u. a. eine Entscheidung für den Verlust des eigenen Lebens. Christliche Heilige und Märtyrer gingen aus dieser Handlung hervor. Und auch der Gekreuzigte selbst. Viele Christinnen und Christen plagen sich auch heute noch mit dieser selbstvernichtenden Hingabe an die Gewalt möglicher Täter gewissenhaft herum.

Auf diese Wangenart können Menschen unschuldig oder schuldig geschlagen, gequält, gefoltert, entstellt und getötet werden. Auf diese Art der verweigerten Selbstwehr können einzelne Menschen und ganze Staaten vernichtet werden, ohne dass üblen Taten Einhalt geboten wird.

Welcher Täter, welcher Staat mit seiner Armee fühlt sich heute etwa noch beschämt, wenn er auch noch auf die zweite ihm entgegengehaltene Wange schlägt? Welche Scham könnte böse Taten stoppen und zum Verschwinden bringen?

Auf diese Wangenart im Angesicht abwesender Scham werden die Übel der Welt, werden Folter und Konzentrationslager am Funktionieren gehalten.

Der einzige Preisgewinn für die zweite geschlagene Wange ist – manchmal – ein Leben in Würde nach dem Tod. Ein würdevolles Leben der Gerechtigkeit im Jenseits. Wir aber wollen Frieden und Gerechtigkeit im Diesseits.

Noch leben wir auf der Erde und lesen brennende Zeitungen mit zündelnden Gedanken von falschen und von richtigen Kriegen, bis sich die Haare zu Flammen wandeln.

III. Was mangelt, ist der gelungene Dialog vor dem Krieg, der Kriege auf Erden im Diesseits verhindert. Ein Dialog, diese inflationär hoch gelobte Gesprächsform unserer Zeit, ist kein Dialog, wenn es Grenzen der Verständigung gibt, die ungelöst bleiben und einem Krieg als letztes Mittel dienen. An dieser Grenze wird aus jedem Dialog ein Antilog des Krieges.

Ein Dialog ist nur gelungen, wenn Worte erst dann schweigen, wenn Frieden als Resultat des Wortes in Sicht ist – und nicht der Abbruch von Gesprächen und Verhandlungen, um Waffen sprechen zu lassen. Waffen sind Worte des Antilogs.

IV. Dennoch: Wer nicht bereit ist, seiner möglichen Zerstörung heroisch im christlichen Wangenakt zuzustimmen, der sollte dies auch nicht von anderen fordern.

Sollte ich denn nichts unternehmen, wenn ich weiß, jemand plant meinen Mord? Sollte ich reden, wenn ich weiß, jedes Wort gestaltet ungehört mein Lebensende? Sollte ich nach dem ersten Schlag der Verwüstung meines Lebens auch noch die übrig gebliebene Hälfte meines wertvollen Lebens der Verwüstung und Zerstörung preisgeben? Sollten Frauen nach einer Vergewaltigung auch noch eine zweite zum Vollzug anbieten? Dies kann wahrlich keiner christlichen Grundhaltung eines erlösten und würdevollen Lebens entsprechen.

In Anbetracht von Kriegen, im Kleinen wie im Großen, die wir nicht wollen, und angesichts eines weltweiten Friedens, den wir herbeisehnen, kommen wir nicht daran vorbei, die Fragen der Grenzen von Selbstwehr, Selbstverteidigung und Lebenserhaltung zu klären.

Im Zeitalter der Banalität des Bösen und vielen kleinen und größeren Bösartigkeiten des menschlichen Verhaltens im Alltag dürfen wir unruhig davon ausgehen, dass diese Grundmöglichkeiten menschlichen Lebens (Kain-Abel-Komplex) erhalten bleiben, gleichgültig, ob wir daran glauben, dass diese Welt bereits erlöst ist oder noch nicht.

Zumindest solange wir als Menschen auf Erden unter Menschen weilen, sind wir herausgefordert, bösen Taten Einhalt zu gebieten ohne hereinzufallen auf duale und verlogene Reden vom Bösen und auch vom Guten, die sich gegenseitig anklagen und jeweils dem anderen das Kainsmal der Gewalt auf die Stirn malen.

Solange es das Übel böser Taten gibt, sind wir aufgefordert, uns mit all unseren Vermögen differenziert sämtlichen Schattierungen zuzuwenden, die zwischen den Extrempolen des Bösen und des Guten aus Menschenhand möglich sind.

Am Ende wird sich die Suche und Verwirklichung des Guten als beste Strategie gegen das bös Genannte erweisen, ohne dass wir von dessen Existenz befreit sein werden.

V. Denke ich an Zeit, denke ich ebenso an den nicht perfekten, aber großen Dialogiker Martin Buber, der uns einen Brief an Ma-

hatma Ghandi vom Februar 1939, nur wenige Monate vor dem
Kriegsbeginn durch Nazi-Deutschland, hinterlässt:

„Ich kann mir nicht verbieten lassen, dem Übel zu widerste-
hen, wo ich es sehe, dass es daran ist, das Gute zu vernichten. Ich
muß, wie dem Übel in mir, so dem Übel in der Welt widerstreben.
Ich kann nur darum ringen, es nicht mit Gewalt tun zu müssen.
Ich will die Gewalt nicht. Aber wenn ich nicht anders als durch
sie verhindern kann, dass das Übel das Gute vernichtet, werde
ich hoffentlich Gewalt üben und mich in Gottes Hände geben."

Wo aber werden sich all Jene hinbegeben, denen diese liebenden, erbarmenden, gerechten, dem Menschen Freiheit und Gewissen gewährenden Hände fehlen?

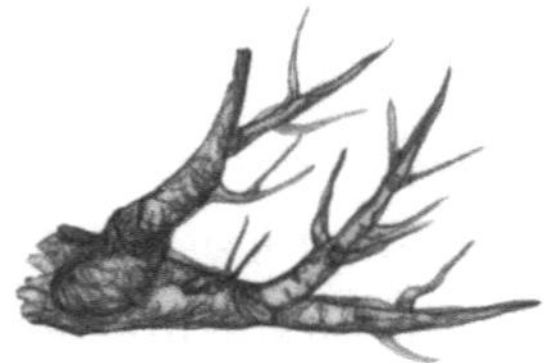

SELBST

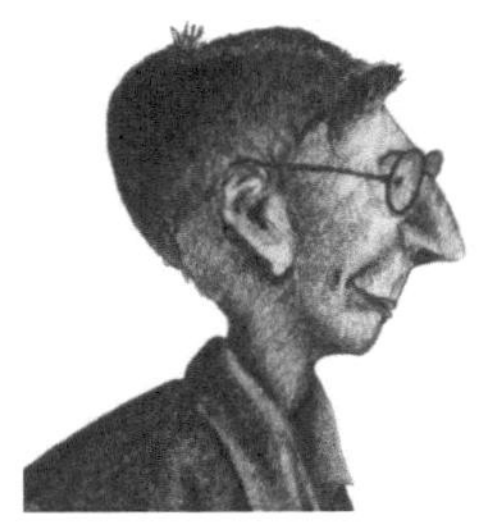

IDENTITÄT

Sich selbst
mit den Augen
der Klarheit sehen
durch Einsicht in Leid
zwischen Freude und Schmerz
mit dem Herzschlag des Erbarmens
und empörendem Feuer des Zorns
sich durch die Augen
der Nächsten und auch
des Fernsten betrachten.

Niemand sage dir
wer oder was du bist.
Nicht Götter noch Gurus.
Nicht Diagnosen noch Therapeuten.
Kein Behördenstempel.
Nicht staatliche Grenzwälle.

Wer sich gefunden glaubt
wird zur nächsten Häutung geladen
bis er oder sie nackt steht
vor dem ewigen Wandel
der Gottes Antlitz erahnt.

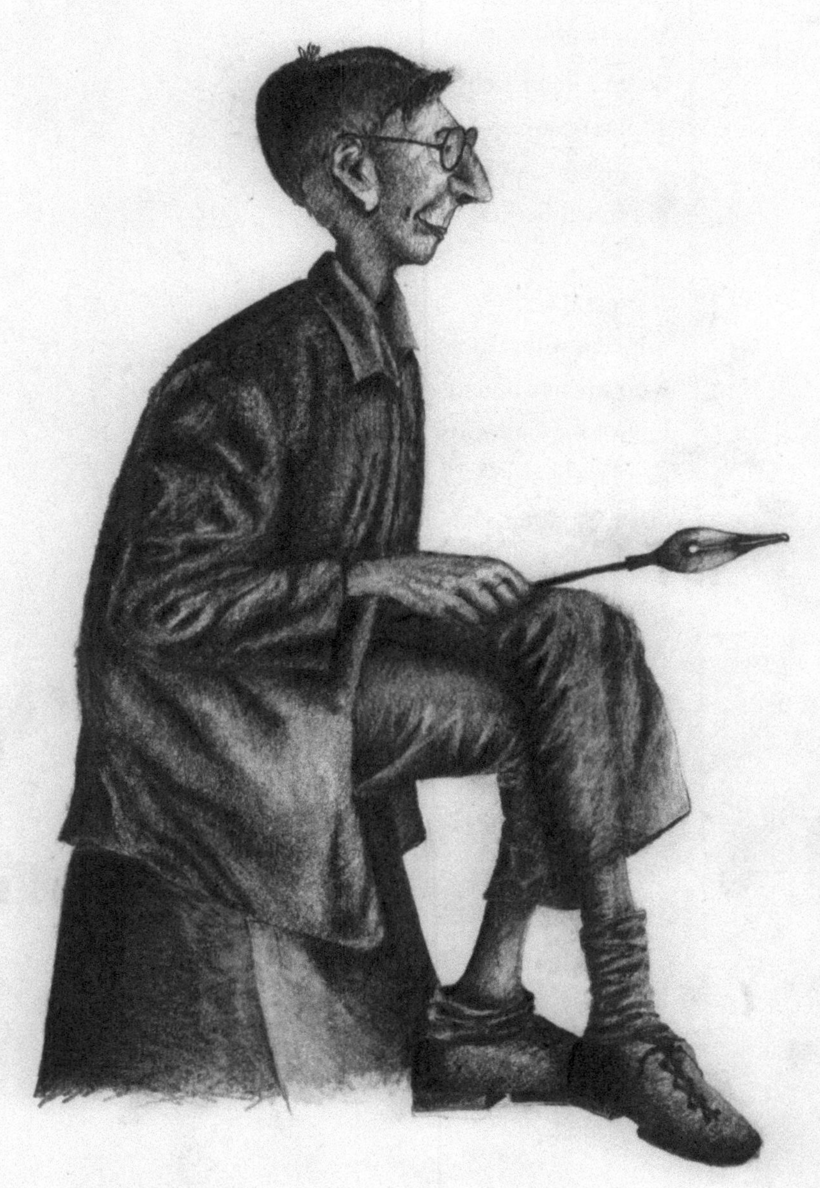

Nichts und niemand
soll vor der Zeit
Wahrheit heischen
deren Flügel sich
zu ihrer Stunde
in Augen schwingen
die sehen wollen.

Niemand ist
mit sich selbst identisch
wo Lebenswunden
und Gewaltstürme
den Hochsprung
aus vertrauten Sicherheiten
der eigenen Grenzen fordern.

Auf der Suche nach dem Ich
das vergängliche Wir entdecken.
Sie kommen und gehen
zwischen schnellhastigen Tagen.
Was bleibt
hält einer Sternschnuppe stand
deren Fall zur Erde
ein Leben lang dauert.

Alles hat seine Zeit:
Die Zeit des Ich-Sagens
und die Zeit des Wir.
Die Zeit des Findens
und die Zeit des Verlusts.
Die Zeiten der Spiegel
und die Zeit der Karikatur.
Die Zeit der Stockung
und des Wartens
und die Zeit des
Wandels und der Wunder.

In den Augen der Zeit
zur Ewigkeit blicken
dass der Mund spricht
zu seiner Zeit
und auch schweigt.

Sich selbst mit den Augen
der Wahrheit suchen
auf den gewundenen Wegen
zwischen Ich und Du.

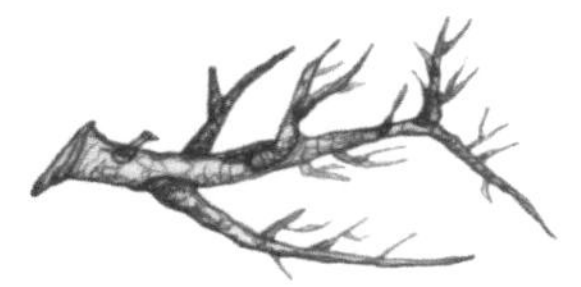

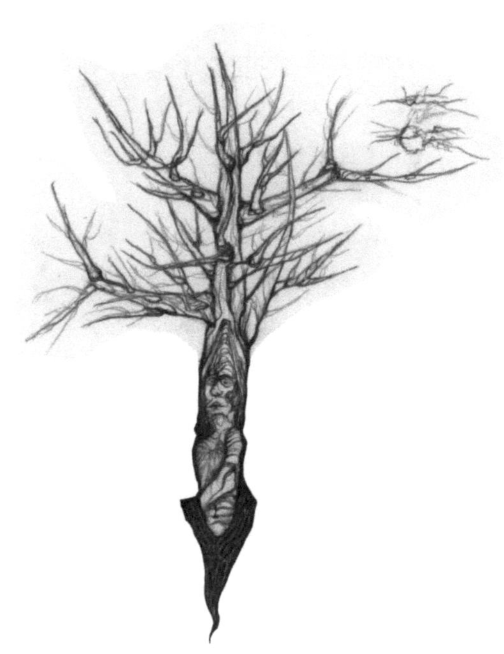

ELEFANT

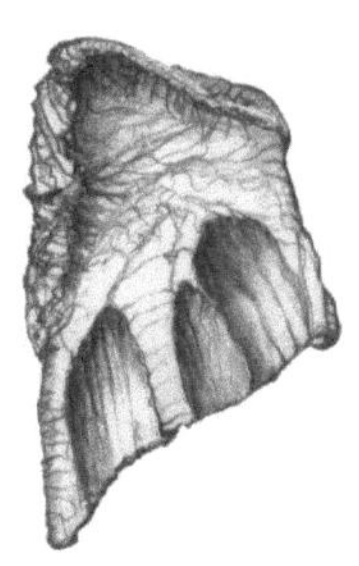

EIN TIERGESICHT

EIN TIERGESICHT

Das Antlitz des Elefanten.

Nichts weiter als ein Elefant. Mögen Sie Tiere? Gehen Sie gerne in den Zoo? Lesen Sie Zeitungen? Lieben Sie Tierfilme? Dann wissen Sie Bescheid. Erkennen Sie ihn wieder, diesen alten Riesen? Dann wissen Sie um das menschliche Schicksal dieses Dickhäuters, dem im Volksmund nachgesagt wird, er vergesse keinen Nadelstich, den ihm jemand – natürlich der Mensch – zugefügt hat.

Ein Stich in die Dicke des Häuters. Das kommt doch innen nicht an. Und überhaupt: Was ist denn schon an Gefühlen da drinnen, in diesen Tonnen von Bewegung? Ein phänomenales Gedächtnis, das der Gattung Elefant anhängt?

Jedes Kind vergisst die Nadelstiche und Schläge der ersten Jahre; so lautet ein Mythos, der immer noch – trotz aufblühendem Therapiegeschäft – sehr verbreitet ist. Was soll das Kind denn erinnern, so sein Gedächtnis noch nicht einmal entwickelt ist? Wir wissen es heute: Auch der Leib prägt sich die Ereignisse des Lebens ein.

Kennen Sie jene Elefantenbabys, deren Mütter im Urwald – weit weg von uns – erlegt werden, um ihnen ihre Hörner – dieses elfenbeinige Gold – zu rauben? Diese kleinen Riesenbabys. Wo sollen sie hingehen nach dem großen Stich des Mutterverlustes? Haben Sie es gesehen, in Indien, das Tierheim für solche muttergetöteten Babys? Haben Sie gehört von großen Elefantenheimen, die geschlagene, verletzte, gedemütigte und wild geworde-

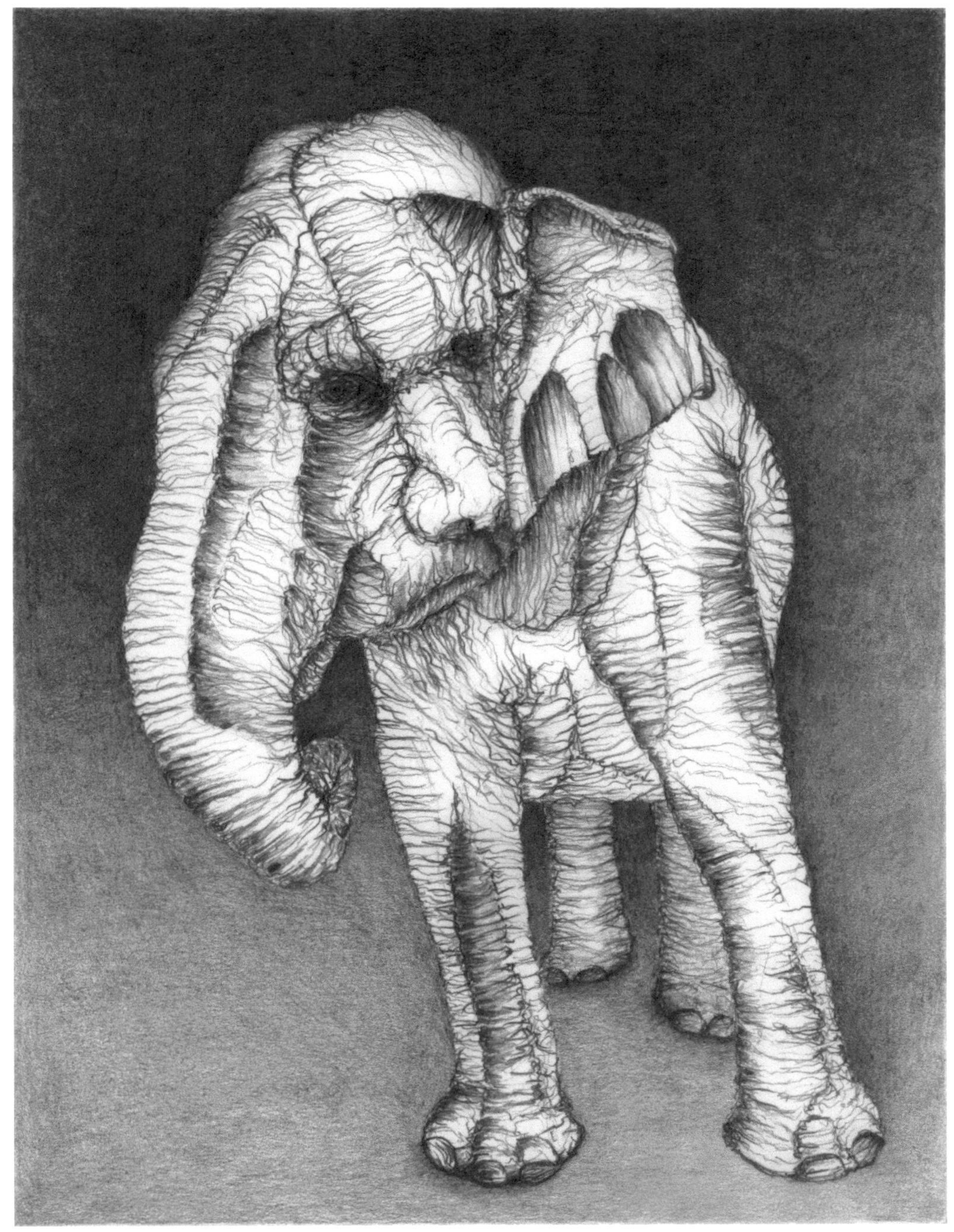

ne erwachsene Elefanten aufnehmen, um ihnen ein tierwürdiges Dasein im Schutz menschlicher Fürsorge zu gewähren?

Kennen Sie jenen Elefanten, der in Indien – weit weg – mordend Dörfer heimsucht? Zwischenzeitlich lebt er – ein misshandelter Bulle – im ihn pflegenden Tierpark, den Menschen zu seinem und auch zum eigenen Schutz eingerichtet haben.

Nun lebt der Mörderbulle mit seinesgleichen, gemeinsam mit anderen verletzten und verlassenen Wesen seiner Art. Diese anonymen Mörderbullen sind in der Pflege tierisch umgänglicher geworden und hören auf auszurasten, wenn der Mensch sich ihnen pflegend nähert. Auch ein missbrauchter Elefantenbulle muss nach Hieben und Stichen, Striemen und Blutmale erzeugenden Ketten wieder lernen, dass es neben den bösen auch noch gut wollende Menschen gibt.

Sie – meine lieben Leserinnen und Leser – mögen den moralischen Ausdruck von Gut und Böse nicht? Diese Begrifflichkeiten, die nur bei vorhandenem Gewissen und Freiheit eine Rolle spielen? Und Sie denken, ein Elefant, dieses kolossale Tier, habe kein Gewissen, nur eben einen tierischen Instinkt, der auch nur zum Überleben tötet und verletzt? Dann wäre der Mensch tierischer als ein Tier, denn unsere Gattung tötet und verletzt, ohne es zum Überleben zu brauchen: aus Gier, aus Lust, aus Neid und Eifersucht, aus Habgier und weiteren Gründen.

Doch wenn Sie die Rede von Gut und Böse im Erleben des Kolossen nicht mögen, so will ich von angenehm und unangenehm, von Wohlempfinden und von Schmerzen reden.

Oder wollen Sie leugnen, dass Tiere sich in menschlicher Umgebung sowohl gut als auch schlecht fühlen können und sich bei letzterer Empfindung zur Wehr setzen bis zum Mord?

 Auch in Deutschland – also ganz nah – soll es ein Heim für im

Zirkus ausgediente, nicht mehr verwertbare, eingesperrte, verletzte und misshandelte Elefanten geben. Ein Gesetz soll erlassen werden, das dem Menschen die Zurichtung von Dickhäutern für die Zirkuskunst untersagt.

Wäre es da nicht nahe liegend, ebenso ein Gesetz zu erlassen, das die Zurichtung des Menschen für seine ökonomische Ausbeutbarkeit zur Steigerung wirtschaftlicher Gewinne untersagt? Sozusagen ein würdevolles Gesetz gegen die Reduzierung des menschlichen Lebenssinns und menschlicher Lebensfreude auf seine wirtschaftliche Nutzung?

Da steht er nun, der große Dickhäuter, dessen starke Haut sich in feinste Falten hinein altert.

Kennen Sie die Stille und auch die Langsamkeit der Zeit, die auf den Betrachter und auch die Betrachterin beim Anblick des großen Tieres übergehen? Erkennen Sie, wenn Ihre Augen nichts anderes mehr wahrnehmen als die feinste und kleinste Bewegung des ungelenkigen Kolosses: Erkennen Sie dann sein so menschliches Gesicht?

Je mehr sich seine langsame Bewegung mit Ihren schnelllebigen Nervenknoten kreuzen, sie für einen Moment in der Hektik Ihrer eigenen Zeit beruhigen, desto deutlicher werden Sie es sehen: das menschliche Antlitz des Großen, des Mächtigen, des Anderen. Sein zurückgenommenes Auge, das aus einer Ewigkeit zu kommen scheint. Seine menschliche Nase, die neben dem langen Rüssel in den ohrigen Falten verborgen liegt. Ein menschlicher Mund, der eins ist mit dem des Elefanten.

Haben Sie das große Schauspiel einer elefantischen Begattung schon gesehen? Wie erstaunlich ist doch die Natur des Giganten, wenn der Bulle die Elefantenkuh besteigt. Hier windet sich das generationsverlängernde Teil, das eher einer sich selbst drehen-

den Schlange gleicht denn einem erstarrten Penis, dem Eingang
der Kuh entgegen. Gerade so, als hätte der Elefantenbulle in seinem Penis Augen, die den rechten Weg finden: ein sensorisches
Feingefühl inmitten der massigen Unbeweglichkeit, das der
menschlichen Gattung Mann haushoch überlegen ist. Hier gibt
es kein Stochern und blindgeiles Suchen. Hier gleicht die Natur
den Nachteil der Schwerfälligkeit im Geschlechtsakt durch eine
Schlangenbeweglichkeit aus, die der Partnerin wahrlich zugute
kommt.

Sehen Sie nur hin, dann kommt es Ihnen entgegen: des Tieres
Antlitz, das eigen ist wie der Mensch. Sehen Sie sich den Menschen an, mit seinen Instinkten, die ihn zum Tier werden lassen.

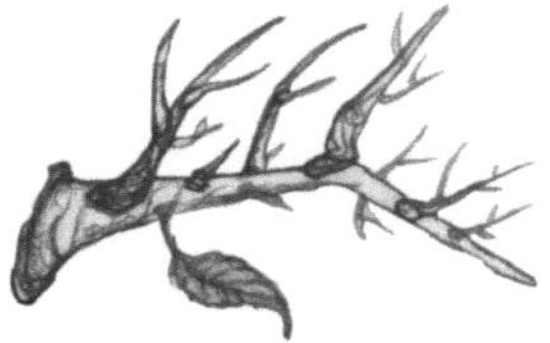

GEBURT

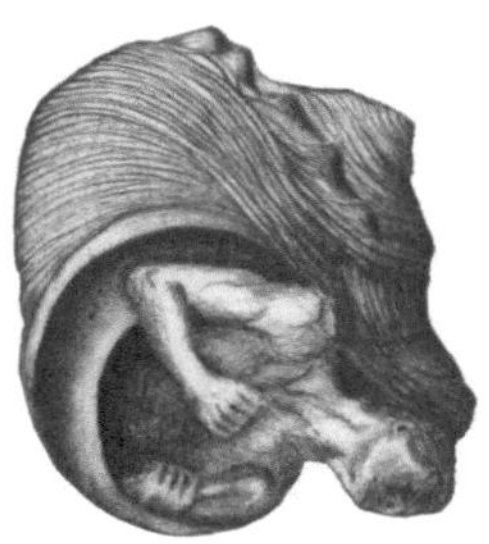

FREIHEIT

FREIHEIT

Einmal geboren sein ist nicht genug.

Wehengepresst ins Leben verworfen, gedrückt gezogen oder geflutscht. Die Welt erblickt. Der erste Schrei. Die Augen geschlossen. Der Grelle entkommen. Vielleicht ein Hoffen auf eine andere Welt. Gepresster Sturz aus dem Dunkel ins Licht. Die Nabelschnur durchschnitten. Das selbstpumpende Herz. Der Lungensog eigener Wirklichkeit.

Sanfte Hände, die helfen.

Saugglocken, die ziehen.

Geburtszangen, die greifen.

Oft erwartet die warme Mutterbrust der Nähe. Manchmal rettet ein Brutkasten mit Sonden und Kanülen. Einmal freudig willkommen, ein anderes Mal lauert die Kälte der Vertreibung.

Kein Winzling wird gefragt, ob er oder sie kommen will in die eine Welt, auf diesen Kontinent, in jenes Land, in den Norden oder den Süden, den Osten oder den Westen, in der Mutter Hautfarbe oder in eine andere, in Reichtümer oder in Armut, zwischen Fürsorge und Wachstumschancen oder in Vernachlässigung und Verwahrlosung.

So ist und bleibt der erste Moment der Schöpfung unfrei. Kein eigener Wille. Keine Entscheidungsmacht. Nur der Gehorsam des Kommens in eine geformte Welt mit mehr oder weniger Atemraum, mit mehr oder weniger Wärme, mehr oder weniger Freude, mehr oder weniger Gewalt.

Zwischen Menschennähe und Menschenferne. Begünstigt

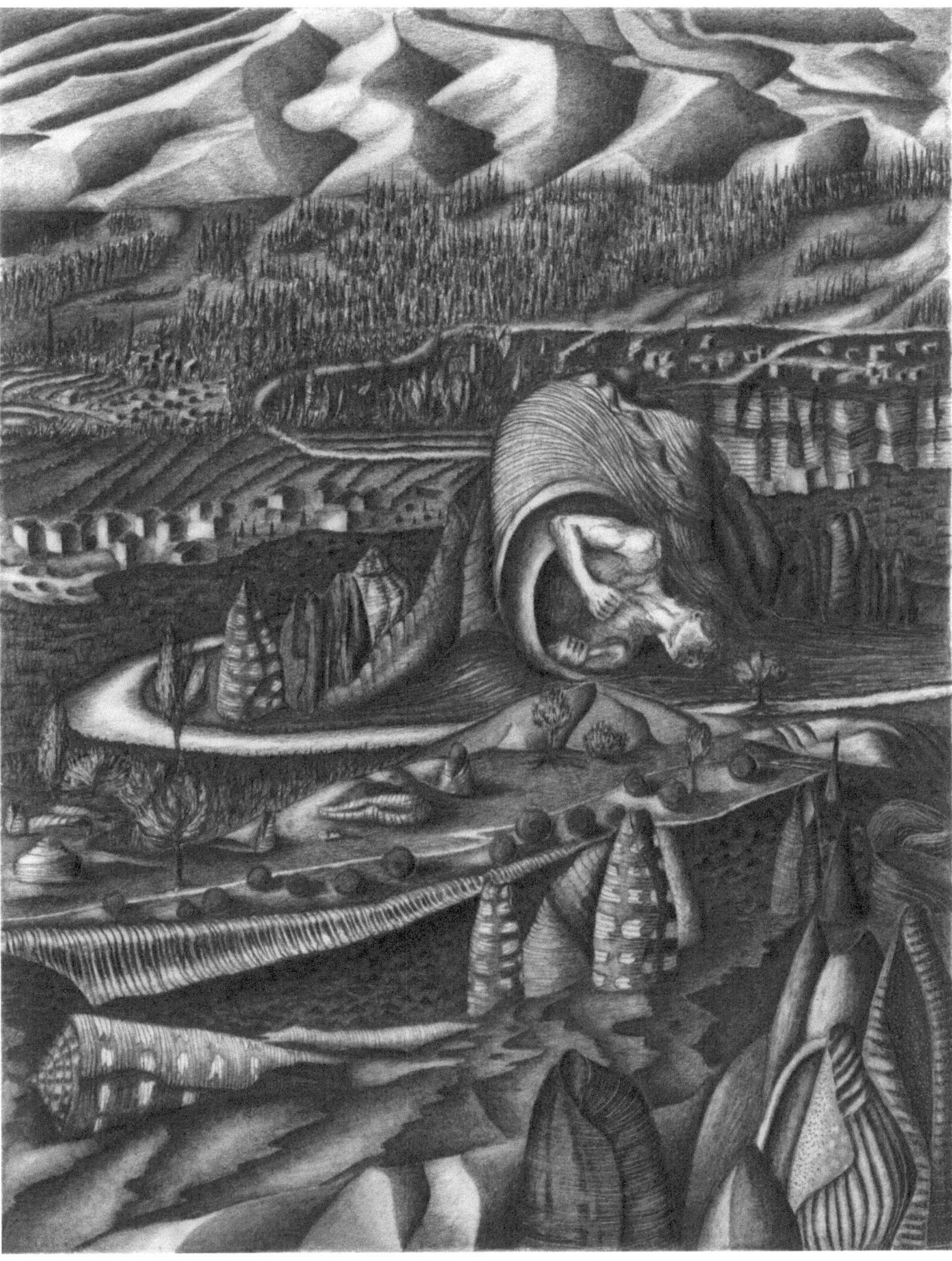

durch Gesundheit oder benachteiligt durch Krankheit. Eine paradiesische Schöpfung des Exils. Vertreibung aus dem Herzschlag der Mutter. Mit Vergessen geschlagen hinter dem Baum der Erkenntnis.

Das Woher   –   nur Stumme.

Das Wohin   –   ein Gedunkel.

Der Weg   –   die Odyssee einer Entdeckung.

Kein Mutterkind ist frei geboren.

Auch nicht das Kind des Vaters.

Manchmal schlägt dem ersten Atemzug Glück entgegen; doch auch Unglück erwartet an der Schwelle.

Einmal rutscht der kleine Mensch männlich in die Welt, ein anderes Mal in eine weibliche Hülle. Dazwischen erlaubt sich Mutter Natur die Schöpfung hermaphroditischer Wesen und eint beide Geschlechter im selbigen Leib.

Wie viele der fraglos Geborenen werden in die falsche Welt, in den falschen Leib, in die falsche Zeit, ins falsche Elternhaus verwiesen. Auf den falschen Kontinent, ins falsche Geschlecht, mit einem Spalt in der Lippe, mit der Wunde des geöffneten Rückenmarks, blind im Auge und tonlos im Ohr.

Hier wird Hilfe gewährt und heilsames Wissen, dort blühende Tritte der Vertreibung aus einer vorgefertigten Normalität.

Dann schlägt eine Welt entgegen, die Frieden gewährt oder zur Kriegswindel zwingt, in die Fußstapfen der Eltern presst oder aus dem Elternhaus vertreibt. Hier wird sanft in Traditionen hineingeboren, dort werden Überlieferungen in das Kind hineingeschlagen. Gene kämpfen für oder gegen die Umwelt, Anpassung ringt mit Widerstand.

Stolz, Freude und Wohlwollen werden in der Geburt herausgefordert, manchmal auch Mitleid, Erbarmen und Tod.

Und eines Tages, so der Kleinmensch seine erste Welt erlebt, durchlebt, belebt und überlebt hat, wird er oder sie nachholen müssen, was in der Geburt vorenthalten: Die Freiheit des Bleibens, des Seins und auch des Wollens. Das Ringen mit der eigenen Geburt, mit der Zweit- oder gar Drittgeburt hin zum Leben oder zum Tod.

Inmitten des Lebens zwischen angereicherten Jahren aus zu eng gewordener Haut, aus verkrusteten Lebensumständen, aus dem Opferatem, aus der Täterspur, aus untauglichen Gefühlszuständen der Lebensbehinderung, aus eingeschliffenen Gedanken und verengten Sichtweisen, die nicht mehr neu schöpfend durchs Leben tragen wollen.

Dann beginnt der langsame Kampf mit abhängigen Lebensbedingungen, mit der eigenen Seelenverfassung, die nach Weite schreit und nach Freiheit, die nicht ist. Dann hofft der Großling auf Wunder, die nicht kommen wollen und doch hie und da geschehen.

Dann schreit das Herz nach neuen Menschen.

Dann sucht der Geist nach neuem Wissen.

Dann greift die Hand nach lebenswürdigen Taten.

Dann schreit die Seele nach Gott, der ist oder nicht ist. Wer weiß das schon. Nach einem Gott, der einst weiblich war oder pure Natur. Nach höheren Mächten, die sich in Götter teilten, die lebten wie Menschen auf Erden.

Nichts wissen wir, doch wir können und dürfen alles glauben. Glauben, was wir sollen und was wir wollen. Immer hat die Gattung Mensch geglaubt im zunehmenden Tempo der Jahrtausende, in den Formen der Zeit, im Maßstab ihrer Notwendigkeit; geglaubt auch ans Vergessen.

Hier ist ein erster Lebensschrei nach einem Gott, dort nach

vielen Göttern oder nach keinem. Der Gottschrei nach Sternen und Kosmos, nach Freiheit und Führung.

Längst ist die Vielfalt des Göttlichen geboren. Jetzt bedarf es nur noch der Anerkennung seiner Vielfalt, die willkommen sein will jenseits rechthaberischer Missionierung und gewaltheischender Kriege.

So viele Menschen – so viele Göttinnen oder Götter, so viel Gott, so viel Einheit und Vielfalt auf Erden. Den Himmel werden wir erst nach dem Tod entdecken und wissen.

Reden wir von Kopfgeburten: Geburten des Krieges. Geburten des Friedens. Geburten des Guten und auch des Bösen. So mitten im Leben.

Selbst hierüber bleibt glaubend ewig zu streiten: ob das Böse vorgeburtlich existiert oder erst nach der Geburt in den Menschen kommt. Ob der Mensch Böses zur Welt bringt oder ob Gott in seiner Schöpfung die Schaffung des Bösen unterschlagen hat.

Das Böse als Geheimnis des Menschen?

Das Böse als Geheimnis Gottes?

Das Böse als Testfall der Freiheit?

Oder sind wir Menschen nicht aufgefordert, jenseits des Ursprungs des Bösen durch Neugeburten des Guten Böses zu überwinden? Neue Chancen jeder neu geborenen Generation.

Die noch nicht eingelöste Erfüllung christlicher Erlösung.

Das Kommen jüdischer Erlösung.

Zu stoppen das buddhistische Rad der Wiedergeburt.

Zu fördern die ewige Chance, Welten und Leben wie auch Sterben und Tode zu lebendigen, zu heiligen, zu würdigen.

Noch ist sie lange nicht vollbracht: die Geburt einer friedvollen Welt in heilsamer Würde und Gerechtigkeit gegen Gott und Mensch und auch gegen unsere Natur, die wir waren und sind und sein werden, solange es Göttliches und Menschliches auf dieser Erde gibt.

Kommt, lasst uns mit oder ohne Schmerzen allein und gemeinsam unsere Leben neu gebären. Lasst uns Gott spielen und die Gewalt der Zerstörung erlösen.

Gewalt zu Staub.

Staub zu Leben.

Ein achter Tag der Schöpfung in Menschenhand.

Kommt, lasst uns der letzten Geburt im Sterben, im Tod, würdevoll und neugierig näher treten.

Unfrei geboren.

Im Leben zur Freiheit gekommen.

Gesprochen das Ja und das Nein.

Ein Ja zum Leben in Vielfalt.

Ein letztes Ja der Zustimmung zum Tod.

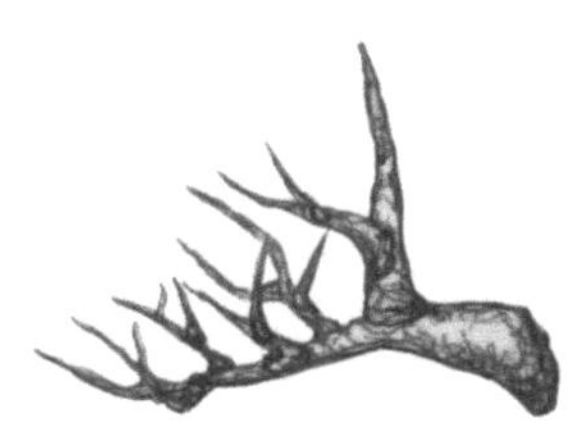

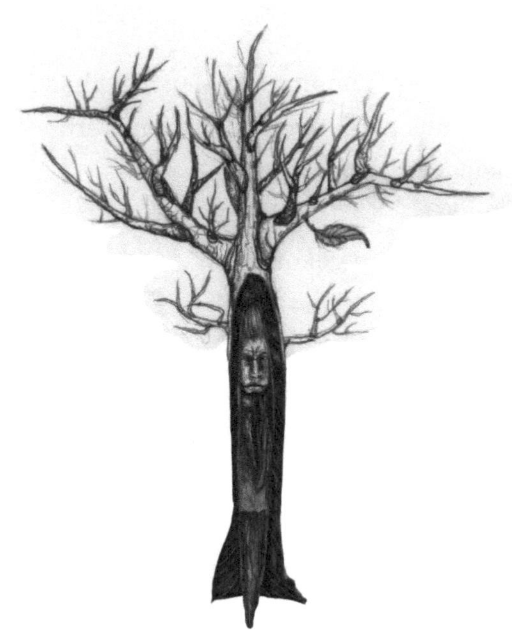

WOLKENFRAU

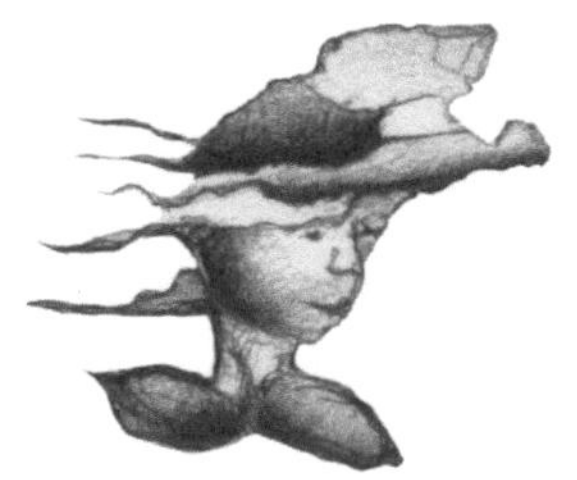

STURM

Einmal Sturm sein
und Stille gebieten.

Einmal dem Orkan trotzen
auf Du und Du
heldenhaft sein.

Nur einmal
am achten Tag
Schöpfung spielen.

Komm heraus!
Du – Gedunkel.
Lass mich angstfrei im Meer
und schwimmen im Sturm
gegen teerschwarze Scharen
die umzingelnd umringen
Lebensfluten und
Tode wagen.

Einmal hinauswachsen
über sich selbst
am Stab der Gerechten
als Wächter der Zeit
mit Kraft des Erbarmens
das auf Taten zeigt.
Du – Himmelsrebe.
Du – Ewigtrau.

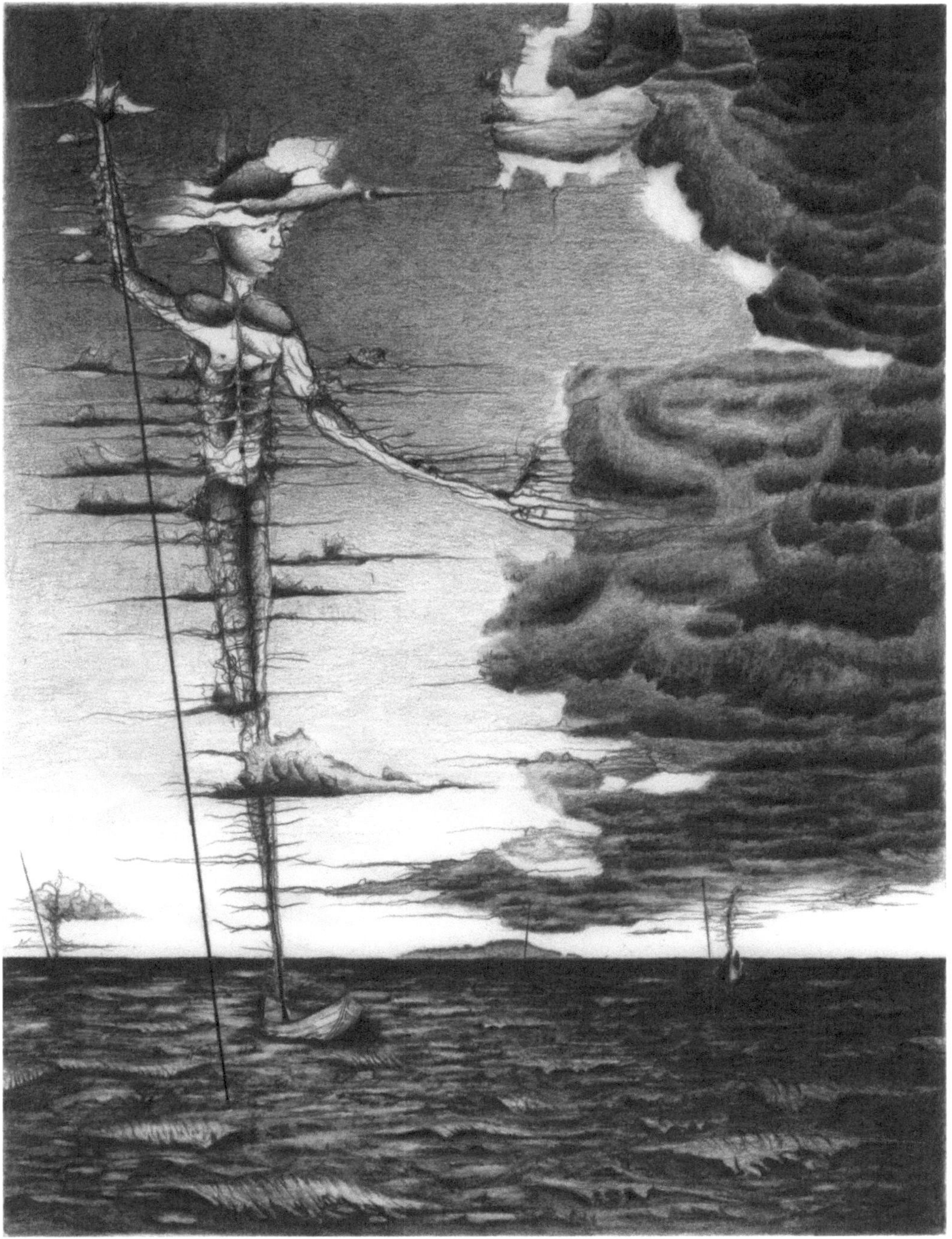

Habt Acht!
Ihr Schluchten des Lebens
im Boot hoch hinaus.

Du – wo nur ...
Lass mich stehn
auf wankendem Boden
gegen flutende Macht
im Furchterbeben
bis Orkane schwinden
im Menschenfinden
bei Tag
im Traum
in der Nacht.

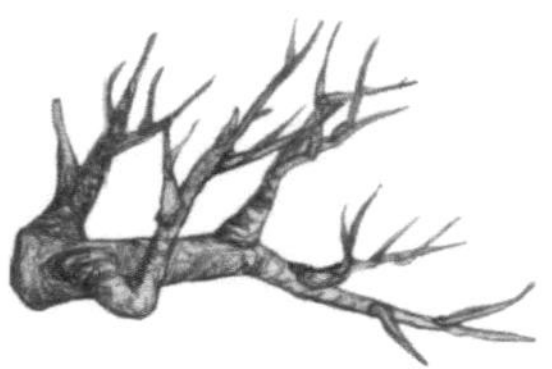

TROTZ ALLEDEM

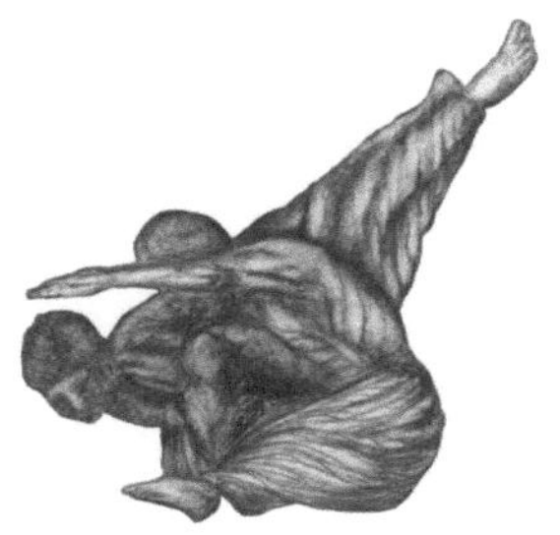

HÖHLENGEDANKEN
HÖHLENTANZ

HÖHLENGEDANKEN

Denk ich an Höhlen, denk ich an Steinzeit, denk ich an Schutz vor Kälte und vor Verfolgung. Woran denken Sie?

Wären Sie bereit, im Jahr 2017 in einer Höhle zu wohnen? Wäre Ihnen nach einer Höhle zumute, wenn sie verfolgt würden? Würden Sie einen geeigneten Felsen suchen auf Ihrer Flucht, um in ihm Schutz zu finden? Würden Sie Hammer und Meißel einpacken als Überlebenswerkzeuge oder würden Sie doch lieber zum Handy greifen, das Ihnen im Zeitalter der Kommunikation mehr Schutz bieten würde als dieses antiquierte Werkzeug? Oder würden Sie auf Höhlen bauen, die Mutter Natur Ihnen bereits vorgefertigt liefert? Quasi eine geschenkte Schutzhöhle ohne Gegenleistung?

Leben Sie bereits – ohne verfolgt zu werden – mit einem privaten Atombunker im Garten oder unter dem Wohnzimmer, um entfesselten Atomstrahlungen im Supergau schnell zu entkommen? Dann würde sich die Flucht in altsteinzeitliche Höhlen erübrigen.

Sind Sie auf andere Weise auf der Flucht? Fliehen Sie die Eintönigkeit Ihres Alltags, Ihre Überlastung durch Arbeit, um als Tourist die Höhlen in der Mitte der Türkei, in Anatolien, zu besuchen? Jene Orte, in denen einst – vor konstantinischen Zeiten – Christen in mehrstöckigen unterirdischen Wohnstätten zum Schutz vor ihren Verfolgern gelebt haben? Zehnstöckige Häuser unter der Erde, mit Wasserrohren und Luftschächten, mit Wohnungen, Kirchen und Schutzräumen. Eine Lebensstruktur unter der Erde, die dort das erste Irrenhaus eingerichtet haben soll. Denn verrückt werden ist auf wie auch unter der Erde möglich, wie Historiker und Archäologen

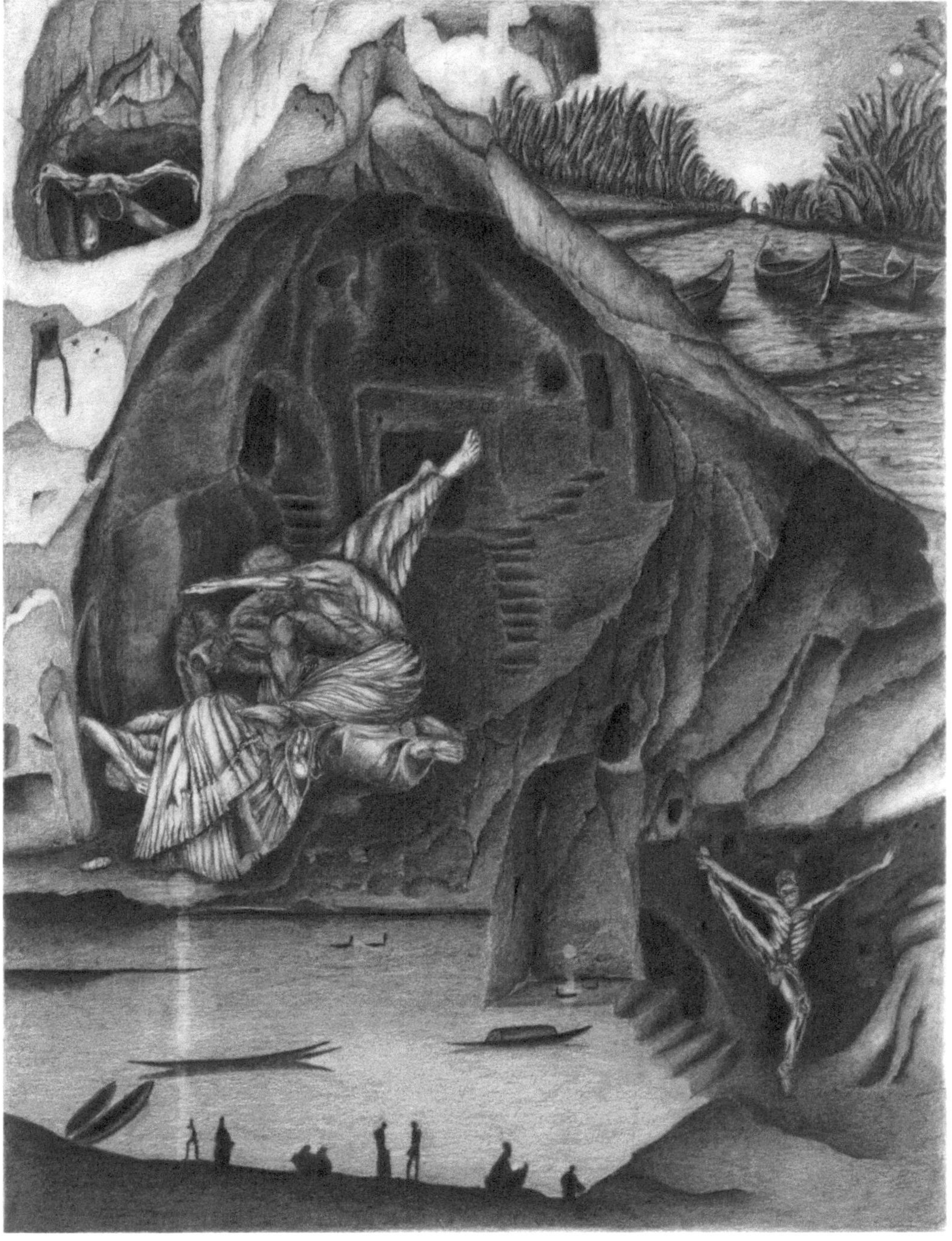

uns überliefert haben.

Keine fluchtgetränkte Lebensform wird Sie unverändert entlassen, ob Sie wollen oder nicht. Oder waren Sie noch nie auf der Flucht? Dann haben Sie Anlass zum Glücklichsein.

Oder greifen Sie heutzutage auf die Variante der Höhlenflucht zurück, die ohne einen Schritt und ohne Hammer und Meißel, ohne Betonmauern und elektrische Sicherheitszäune zu errichten ist?

Ich spreche von Ihrer inneren Höhle, von Ihrer inneren Emigration, Innenräume mit Teilungen und Spaltungen. Ah, Sie kennen diese innwändigen Räume, diese maskierten Höhlen, aus denen Sie in den Alltag hinausblicken gleich Monaden, die ihre runden und eckigen Fenster öffnen, ihre Türen verlassen und ihr Treppchen zum ruhigen See hinuntertippeln, den Sie sofort wieder verlassen, sobald ein kleiner Windhauch Ihnen entgegen bläst?

Denk ich an Höhlenmenschen, denk ich an alte, längst vergangene Zeiten. Sie nicht auch? Oder denken auch Sie über moderne Höhlen nach?

Wie eingeschränkt doch unsere Gedankengänge sind, gerade so, als würden sie in Höhlen verkümmern. Lassen Sie uns gemeinsam daran denken, dass wir bereits wieder zu Höhlenmenschen geworden sind, vielleicht auch immer waren. Und mir ist, als hätten sich nur Formen und Orte der Höhlen als Zufluchtsstätten geändert.

Zumindest Ihnen und mir bietet sich keine felsige Natur mehr an, um uns Höhlenschutz zu gewähren. Sie rechnen mit der hautnahen Schutzhöhle unserer demokratischen Gesetzgebung auf der Flucht vor Verfolgung? Ich erwidere Ihnen ein Ja und ein Nein. Die Wahl des Wortes hängt ganz davon ab, ob Sie Erst-, Zweit- oder Drittländer aufsuchen, welche Sonne Ihre Haut gebrannt hat, in wessen Fußstapfen Sie getreten sind, ob Sie als Täter oder als Opfer Schutzhöhlen suchen, ob Sie Höhlen in Kriegs- oder in Friedenszeiten suchen, als Mann oder als Frau suchen, als nicht verwertbare Kinder oder als ausgediente Alte.

Manchmal scheinen Schutzhöhlen gleich Booten, die keine Ufer erreichen dürfen, voll und übervoll zu sein.

Sie vertrauen auf Ihre innwändige Schutzhöhle irgendwo hinter Ihrer Herzgegend, zwischen Magen und Nieren oder in Ihrem Gehirn? Sie vertrauen auf die Eigenkontrolle Ihrer Ein- und Ausgänge in unsichtbare Innenhöhlen?

Vertrauen Sie Ihrer geheimen und unsichtbaren Höhle, von deren Existenz niemand weiß? Auch nicht Ihre besten Freunde. Doch täuschen Sie sich nicht. Alles wird entdeckt und erforscht: die Höhlen unserer einstigen Steinzeitbewohner wie auch die Höhlen in der Landschaft von Anatolien, unsere Höhlen im Falle eines atomaren Gaus wie auch die Innenhöhlen, die es so an sich haben, dass sie trotz ihrer Unsichtbarkeit auffallen.

Dann treten sie hervor, wenn Sie Ihren gesellschaftlichen Pflichten nicht mehr nachkommen. Nein, diesen Fehler dürfen Sie nicht machen: dass Ihre innere Höhle sich in Ihrem äußeren Leben widerspiegelt.

Sie sollten sich weder in Ihre Reichtümer noch in Ihre Armut vergraben, nicht in Ihren Glauben und nicht in Ihre berufliche Position, nicht in Ihre Familie und nicht in Ihr Alleinsein.

Tragen Sie ruhig Ihr Haus und auch Ihre Titel zur Schau. Hüten sie sich jedoch davor, Ihr Einkommen zu benennen, wenn es der Sozialhilfe oder Hartz 4 entspringt. Sonst wird man Sie nicht mehr nach Ihrer Person, sondern nach Ihrer Höhle beurteilen.

Tragen Sie Ihre Höhlenmaske mit dem würdigen Stolz eines Schauspielers, der Schutz spielt. Seien Sie umgänglich und angepasst. Fürchten Sie nichts und niemanden. Erleben Sie Ihre Höhlenangst für sich allein und spielen Sie Nähe, spielen Sie Dialog. Aber spielen Sie nicht verrückt.

Und vor allem: Jammern Sie nicht über Ihr freiwilliges oder auch aufgezwungenes Höhlendasein. Sonst laufen Sie Gefahr, aus Ihrer Höhle gezerrt zu werden: freiwillig, wenn Sie sich selbst zerren, unfreiwillig, so Sie sich weigern.

Doch wie auch immer, denken Sie nicht, Sie würden beim Verlassen Ihrer Höhle in die Freiheit treten. Denn dort erwarten Sie neue Höhlen – und vor allem auch die Höhlen der anderen, die sich Ihnen zur Lebensaufgabe machen. Sie wollen ausgewaschen, geputzt und gereinigt werden. Hier erhalten Sie Minijobs als niedrig bezahlte Höhlengestalter. Denn Höhlenjobs gibt es wie Sand am Meer und stehen heute schlecht im Kurs.

Auch Ihre eigene Höhle erhält auf diesem Wege ein neues Outfit, sodass beim Betreten Ihrer Innenräume niemand mehr an eine Höhle denkt. Nicht einmal Sie selbst. Denn Sie werden dieses antiquierte und doch postmoderne Wort Höhle verlassen, es ersetzen durch neue Worte: Transparenz und Qualitätskontrolle, Effizienz und Haushaltsverschlankung.

Diese neuen Worte werden Sie vor jedem Versuch, sich in eine Höhle zu verkriechen, verschonen. Dann werden sie tanzen vor Freude, dass Sie wieder dazugehören. Denn Sie haben Ihren letzten Schutzraum überwunden. Diesen nichtsnutzigen Ort, der einem Schutz dient, den niemand mehr finanzieren will.

Wohl denen, die niemals auf Höhlensuche waren und dennoch fündig geworden sind. Wohl denen, die nie aus ihrer Lebensmitte an den Felsenrand ihres Lebensraumes geflüchtet sind oder gejagt wurden. Wohl denen, die niemals zu irgendeinem Opfer auf der Flucht vor einem Täter wurden. Was schätzen Sie, wie viele Täter es gibt? Oder die Zahl der höhlengeflüchteten Opfer?

Stellen Sie sich vor: Alle Opfer – ob tot oder noch lebendig, verborgen oder sichtbar – würden ihre Schutzhöhlen verlassen und sich ins Zentrum ihres Lebens drängen. Vor allem ins Zentrum ihrer Täter. Wenn der müßiggängerische Tanz zum höhlenfreien Schutz ihres Lebens werden würde.

Nackt oder gekleidet – Tanz.

Mit Flügeln oder mit Schuhen – Tanz.

Stellen Sie sich vor: Ein geschütztes Leben, in dem die Täter mit ihren Taten in ihren Höhlen eingesperrt rasen würden. Höhlen, in denen sie lernen müssten, sich von ihrer Gewalt zu befreien. So lange sollten sie mit ihren Taten die Höhlen bewohnen, bis sie den Tanz dieses Lebens ohne Waffen und ohne Gewalt verstehen würden.

Sagen Sie nichts. Ich weiß es.

Sie denken: was für verworrene Phantasien.

Unsere Welt aber, ob mit oder ohne Höhlen, ist eine andere.

Wie recht Sie haben.

Wie recht ich habe.

HÖHLENTANZ

Draußen herrscht Sonnenfrost.
Glühende Kältestrahlen brennen würdelos
ausgemergelte Wirtschaftsleiber.
Strahleis durchfrostet Reformlandschaften
die unter der Haut an die Nieren gehen.

Such dir warmschützende Felsen
zum Schlafen zum Wachen und
iss dein Gnadenbrot nicht allein.

Flieh zwischen Höhlenwände
wenn sie kommen
die blutlosen Mörder
mit ihren gewissenlosen Gesetzestafeln
die zu teuer geredete Leben
zur Erde zum Staub hin
beschweren.

Aalglatte Heuchelsöhne des Bösen
verharzen im Lügenschritt
von oben nach unten
an den Rand und
darüber hinaus.
Zu wenig zum Leben.
Zu viel zum Sterben.

Arbeitssklaven ohne Arbeit
die kostenlos auf der Straße liegt.
Im Ehrenamt soll der Fronknecht
sich von Steinen ernähren.

Untertanen der Demokratie.
Trümmersklaven des kalten Wirtschaftskrieges
der im konkurrenzlosen Kapitalsturm
das Fußvolk in der Armut einen will.

Kein Machtträger lindert Not
durch seine Zustimmung zum
demokratisch erzwungenen Askesengesetz
das immer die anderen unten trifft.

Hier öffnen sich neue Wege
die Sündenböcke schon immer kannten:
Ab in die Wüste
dem Schicksal überlassen.
Ab in die Emigration der Innenwelten.
Dort wachsen – vielleicht
therapeutische Flügel des Schutzes
die das Schmutzgeschäft
politischer Zwangsökonomie überflattern
und höhlendunkel
nach verbotener Arbeit greifen.

Die Gevatter der Globalisierung tragen
ihre purpurteuren Machtgewänder
und reden mit starren Gesichtern

Frieden und Freiheit
Wohlstand und Gerechtigkeit
für alle Menschen auf Erden
unterschiedslos zu Reich und zu Arm.

Wem wird es hier noch warm
im neuen Leben demokratischer Eurotrauben
die auf den Märkten als Luxusgüter
tief hängen und auch
zu hoch zum pflücken?

Ihr nacktmüden Höhlenbewohner.
Ihr willigen Sklavenheere beraubter Arbeit.
Kommt zurück zu den Stätten der Macht.
Füllt Straßen und Plätze
mit euren Armenhöhlen.
Von Montag bis Sonntag
zum millionenfachen
Flächenbrand des Protestes
gegen gesetzesdiktierte
demokratische Armutsfallen.
Gegen die Münder der
aalglatten Armutszündler
mit ihrer langsamen Totschlaggewalt.

Wir haben die beste aller Demokratien.
Sagen die Heuchler
die Gerechtigkeit für alle herbei lügen.
Das stimmt für die einen.

 Doch für die anderen

deren Gerechtigkeitsempfinden
im guten Glauben demokratisch schmerzt
ist dieses Beste zum Leben
nicht gut genug.

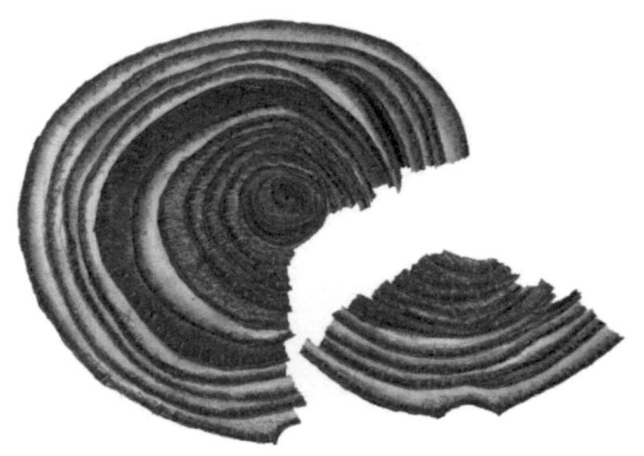

LISTE der ZEICHNUNGEN

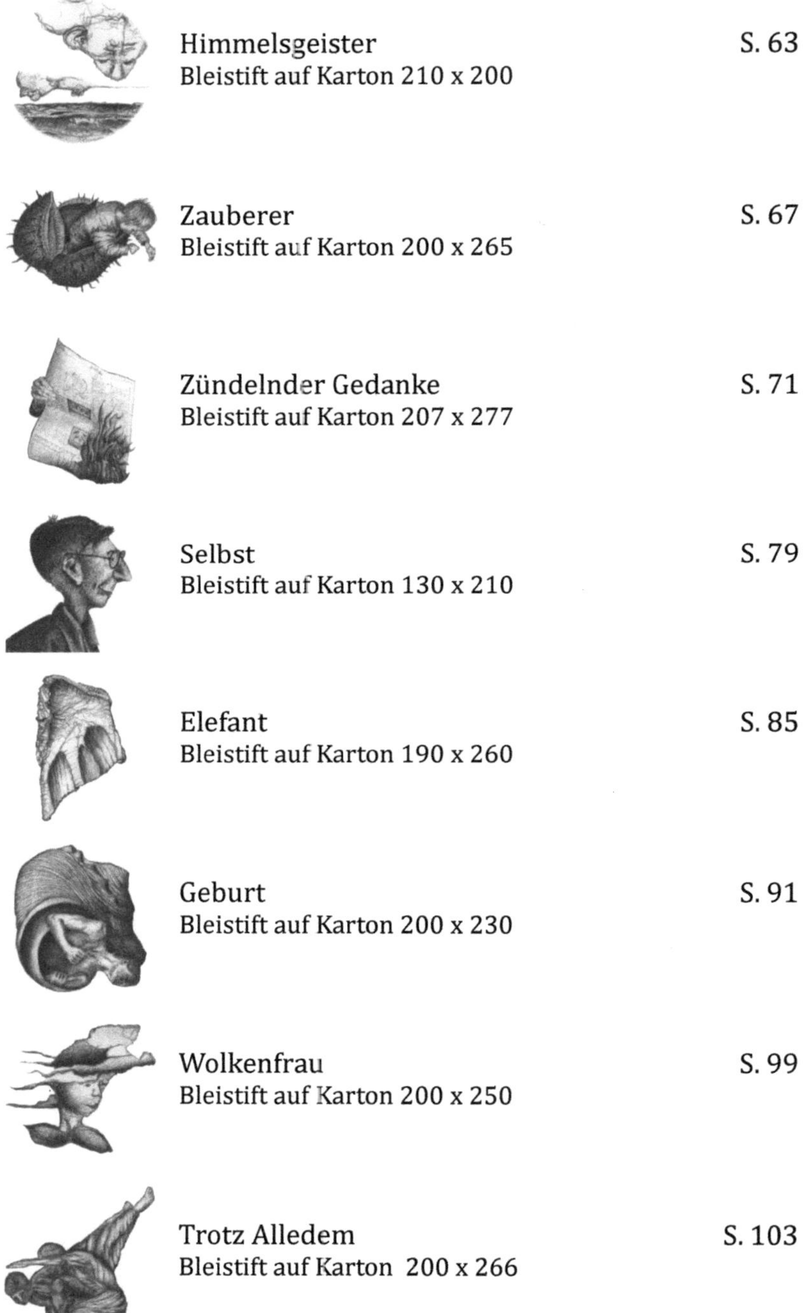

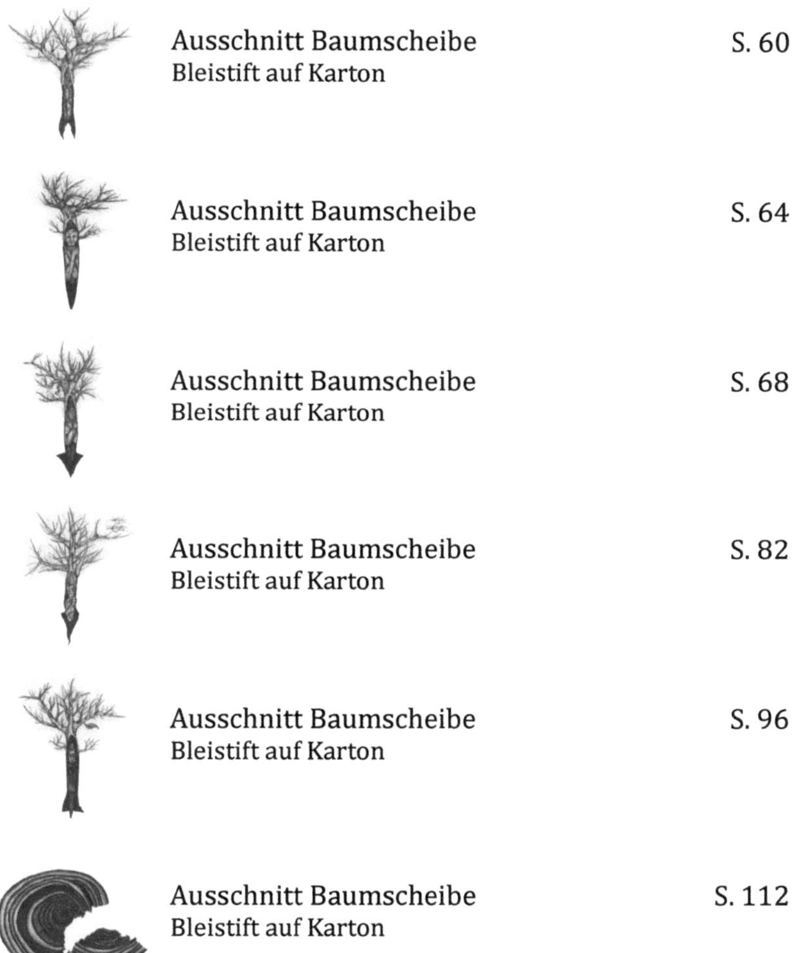

MARION INTZEN-SCHIFF

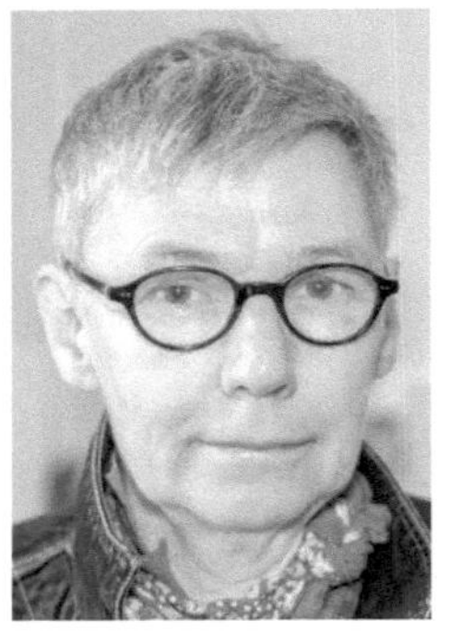

1954 in Norddeutschland geboren, begann sie ihre künstlerische Laufbahn erst in mittleren Lebensjahren. Sie absolvierte zunächst eine Ausbildung zur technischen Zeichnerin und 1981 zur Maschinenbautechnikerin. 1983 begann sie ihr Kunststudium. Es folgten einige Jahre der freiberuflichen Tätigkeit als Konstrukteurin und Künstlerin, bis sie sich vollständig für den Weg als Künstlerin entschied. Seit 1996 ist sie mit ihren Arbeiten keine Unbekannte mehr. Sie zeigte ihre Werke in zahlreichen Einzelausstellungen und war an vielen Gemeinschaftsausstellungen beteiligt. Oft erschließen sich den Betrachtenden erst auf den zweiten Blick die ungewöhnlichen Perspektiven und Einzelheiten, die manchmal surreal anmuten. Sie arbeitet und lebt zur Zeit in Hamburg.

Siehe auch: www.marion-schiff.de
                www.mais-fotografie.de
Kontakt: leoniden-schiff@gmx.de

REA GORGON

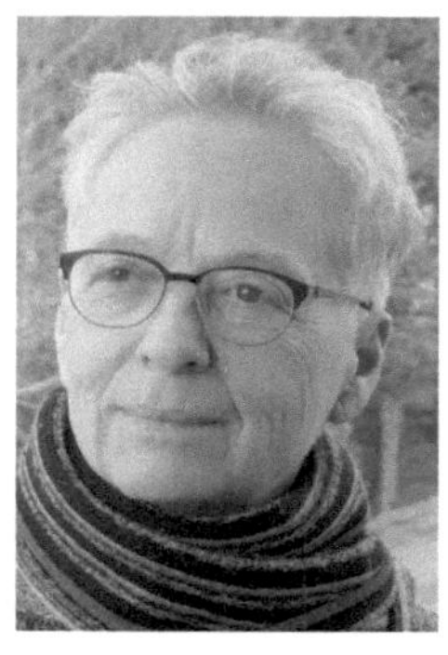

Geboren 1950 in Süddeutschland. Nach ihrer Ausbildung zur Einzelhandelskauffrau und Jahren der Berufstätigkeit im Bereich der Wirtschaft erlangte sie 1977 auf dem Zweiten Bildungsweg das Abitur. Dem schloss sie ein Studium der Philosophie, Geschichte, Erziehungswissenschaften und Geschlechterstudien in Münster und Berlin an. Es folgten Jahre der Berufstätigkeit in unterschiedlichen Projekten, als Gesundheitsmanagerin, Patientenberaterin, IT-Dozentin, Studenten-Coach und Schriftstellerin.

Ihre inhaltlichen Schwerpunkte konzentrieren sich auf dialogische Kommunikation, Genderforschung, Sexualisierte Gewalt, Nationalsozialismus, Täter-Opfer-Dynamik und Erinnerungskultur. Seit den 1980er Jahren entwickelte sie ihren künstlerischen und literarischen Ausdruck ebenso wie ihre eigene Sprache in Lyrik und Prosa. Es folgten Veröffentlichungen und Lesungen. Gegenwärtig lebt und arbeitet sie in Berlin als Schriftstellerin und betreibt eine philosophische Beratungspraxis.

Siehe auch: www.rea-gorgon.de
Kontakt: leoniden-gorgon@gmx.de